1

「だれが」の ことば①
ぶんの よみとり①

月　日　なまえ

はじめ　時　分
おわり　時　分
かかった じかん　分

© くもん出版

① □の 文を よんで、もんだいに こ…

あきらが、手を あげました。

(1) 「だれ」が 手を あげましたか。

〔（　あきら　）が、あげました。〕

② □の 文を よんで、もんだいに こたえましょう。

（15てん）

まゆみが、本を よみました。

(1) 「だれ」が 本を よみましたか。

〔（　　　　　）が、よみました。〕

③ □の 文を よんで、もんだいに こたえましょう。

（15てん）

ゆうたが、たいこを たたきました。

(1) 「だれ」が たいこを たたきましたか。

〔（　　　　　）が、たたきました。〕

④ □の 文を よんで、もんだいに こたえましょう。

(15てん)

しおりが、うたを うたいました。

(1)「だれ」が うたを うたいましたか。

〔（　　　　　　　　　）が、うたいました。〕

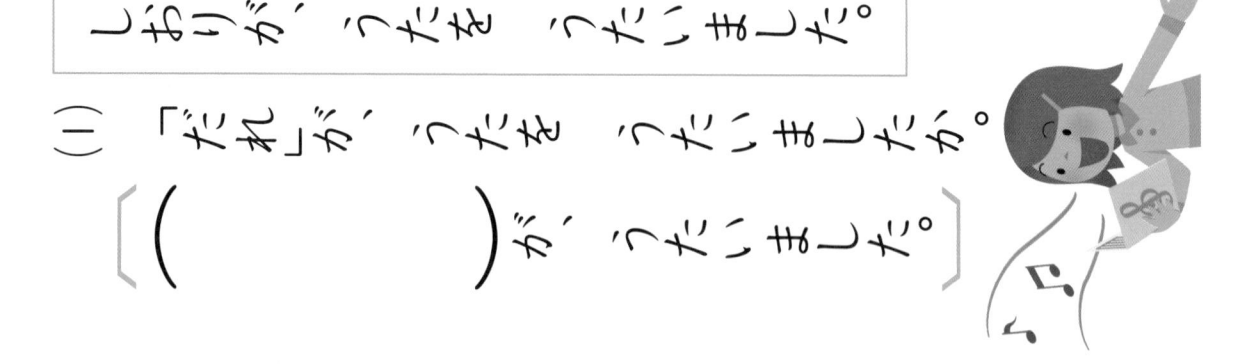

⑤ □の 文を よんで、もんだいに こたえましょう。

(20てん)

かずやが、ボールを けりました。

(1)「だれ」が ボールを けりましたか。

〔（　　　　　　　　　）が、けりました。〕

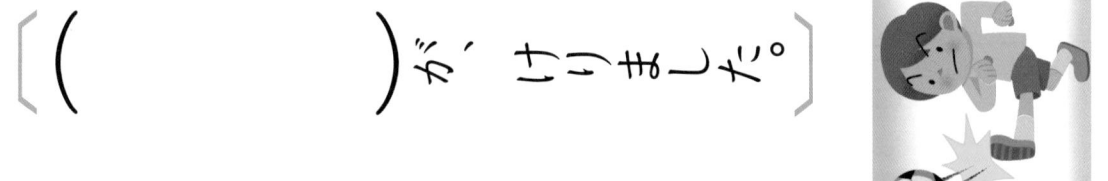

2

⑥ □の 文を よんで、もんだいに こたえましょう。

(20てん)

あすかが、花を もって きました。

(1)「だれ」が 花を もって きましたか。

〔（　　　　　　　　　）が、もって きました。〕

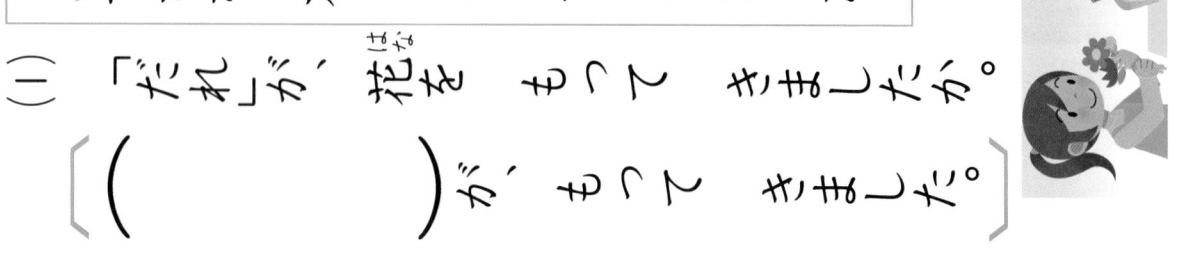

① 「おねえさんが、おきました。」② 「まゆみが、よみました。」のように、「だれ」が、どう したのかを せつめいして います。

1 文しょうを よんで、もんだいに こたえましょう。

(10てん)

> たかしが あそびに きました。
> ふたりで こうえんに いきました。

(1) 「だれ」が、あそびに きましたか。

（　　　　　　　）が、きました。

2 文しょうを よんで、もんだいに こたえましょう。

(15てん)

> さゆりが、たねを うえました。
> そして、水を まきました。

(1) 「だれ」が、たねを うえましたか。

（　　　　　　　）が、うえました。

3 文しょうを よんで、もんだいに こたえましょう。

(15てん)

> はるとが、ばったを つかまえました。そ
> れを 虫かごに 入れて、もって きました。

(1) 「だれ」が、ばったを つかまえましたか。

（　　　　　　　）が、つかまえました。

3

④ 文しょうを よんで、もんだいに こたえましょう。

(1つ 15てん)

> おとうとが、おこかけて きました。
> わたしは、ないて にげました。

(1) 「だれ」が、おいかけて きましたか。

〔 （　　　　　　　　　　　） が、おいかけて きました。〕

(2) 「だれ」が、ないて にげましたか。

〔 （　　　　　　　　　　　） が、にげました。〕

⑤ 文しょうを よんで、もんだいに こたえましょう。

(1つ 15てん)

> いもうとが、えほんを もって きました。
> ひろとが、えほんを よんで あげました。

(1) 「だれ」が、えほんを もって きましたか。

〔 （　　　　　　　　　　　） が、もって きました。〕

(2) 「だれ」が、えほんを よんで あげましたか。

〔 （　　　　　　　　　　　） が、よんで あげました。〕

「だれが」や「だれは」に あたる ことばを こたえるよ。「が」や「は」に 気を つけて さがそう！

くもん出版

1 文しょうを よんで、( )に あう ことばを かきましょう。

(15てん)

> なおみが へやに はいって きました。そして、ぬいぐるみを もって いきました。

(1) (なおみ)が へやに はいって きました。

2 文しょうを よんで、( )に あう ことばを かきましょう。

(1つ 15てん)

> おばさんが、いえに あそびに きました。いすみは、よろこんで おばさんに かけよりました。

(1) ( )が、あそびに きました。

(2) ( )は、おばさんに かけより ました。

❸ 文しょうを よんで、（ ）に あう ことばを かきましょう。

(15てん)

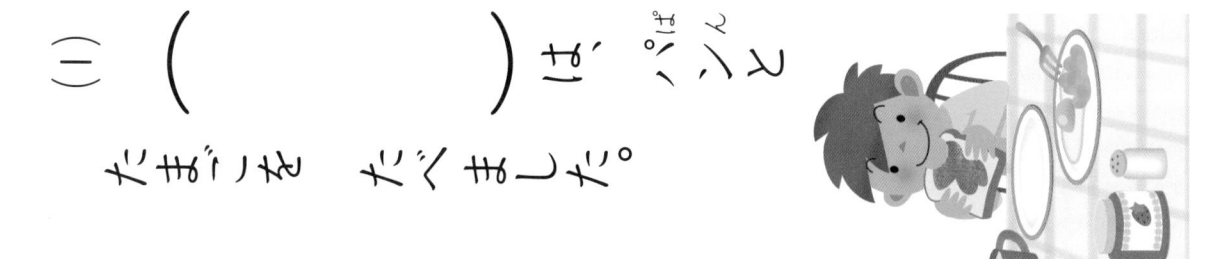

　〇〇の よういが できました。ぼく
は、ぱんと たまごを たべました。

(1)（　　　　　）は、ぱんと
たまごを たべました。

❹ 文しょうを よんで、（ ）に あう ことばを かきましょう。

(1つ 20てん)

　おじさんが、いえに きました。
あきは、へやに 入ると、
「こんにちは。」
と あいさつしました。

(1)（　　　　　）が、きました。

(2)（　　　　　）は、「こんにち
は。」と あいさつしました。

❶「なまえが」、❷⑵「こすみは」、❸「たべ〜せ」、❹⑵「あきは」と
……人の 名まえに 気を つけよう。

くもん出版

1 文しょうを よんで、（ ）に あう ことばを かきましょう。

（15てん）

> にわに、雨が ふって きました。ねが、ぬれて いきました。おねえさんが、かさを もって きてくれました。

(1) ぬれて いったのは、
（　　　　　　）です。

2 文しょうを よんで、（ ）に あう ことばを かきましょう。

（1つ 15てん）

> おひるごろ、ぼくが ボールを なげました。いもうとが、ボールを うちました。ホームランに なりました。ボールは、1かい はねましたが、ころがって いきました。

(1) ボールを なげたのは、
（　　　　　　）です。

(2) ボールを うったのは、
（　　　　　　）です。

なまえ

はじめ
じ　ふん

おわり
じ　ふん

かかった
じかん
ふん

てん

がつ　にち
月　日

©くもん出版

3 文しょうを よんで、（ ）に あう ことばを かきましょう。

(15てん)

> なつ、にわに、きれいな 白い花が さいた。ゆうこは、はらの 花を つんで、花を つんだ。

(1) 白い 花を つんだのは、（　　　　　　　　　）です。

4 文しょうを よんで、（ ）に あう ことばを かきましょう。

(1つ8てん)

> ぼくは、ともだちの いえに いきました。でも、ともだちは、いえに いませんでした。

(1) ともだちの いえに いったのは、
（　　　　　　　　　）です。

(2) いえに いなかったのは、（　　　　　　　　　）です。

「だれ」が したのかを よみとろう。「が」や「は」に ついて、ことばを さがそう。

もん出版

はじめ・おわり
ぶん
ぶん
かかった じかん
ぶん
じ
てん

なまえ

① 文しょう を よんで、もんだいに こたえましょう。
（1つ10てん）

ひとりの おにいさんが、ゲームを とっても よく しました。

(1) ゲームを よく したのは、だれですか。
（　おにいさん　）です。

(2) とても よく したのは、ゲームですか。
（　　　　　　）です。

② 文しょう を よんで、もんだいに こたえましょう。
（1つ10てん）

わたしが、花を そだてました。花が よく さきました。

(1) 花を そだてたのは、だれですか。
（　　　　　　）です。

(2) よく さいたのは、花ですか。
（　　　　　　）です。

❸ 文しょうを よんで、もんだいに こたえましょう。
（１つ 15てん）

いぬが、大きな こえで よんだ。
すると、だくまが 手を ふった。

（1）大きな こえで よんだのは、だれですか。

〔（大きな こえで よんだのは、）（　　　　　　）です。〕

（2）手を ふったのは、だれですか。

〔（手を ふったのは、）（　　　　　）です。〕

❹ 文しょうを よんで、もんだいに こたえましょう。
（１つ 15てん）

あさりはんの よういを しました。
ゆみが、おかずを はこびました。
なおきは、はしを もって きました。

（1）おかずを はこんだのは、だれですか。

〔（　　　　　）です。〕

（2）はしを もって きたのは、だれですか。

〔（　　　　　）です。〕

「だれが」や「だれは」に あたる ことばを こたえるよ。だれが した のかを かんがえてね。

くもん出版

③ 文しょうを よんで、（　）に あう ことばを かきましょう。(15てん)

> おかあさんが わたしに 本を かしてくれたので、わたしは、本を よみました。

(1) おかあさんが、だれに 本を かしましたか。

（　　　　　　　　　　　）に。

---

② の 文を よんで、もんだいに こたえましょう。

> かおりは、ジュースを のみました。

(1) かおりは、「だれが」ジュースを のみましたか。

（かおり）は、（　　　　　　　　）を。

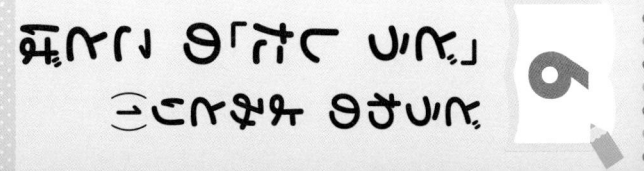

11

---

① の 文を よんで、もんだいに こたえましょう。

> けんたは、パンを たべました。

(1) けんたは、「だれが」パンを たべましたか。

（けんた）は、（　　　　　　　　）を（たべました。）

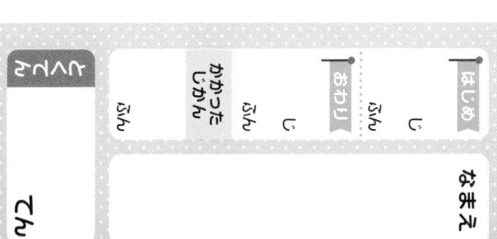

© くもん出版

4 文しょうを よんで、（　）に あう ことばを かきましょう。

(15てん)

> おとうさんが かいしゃから かえりました。そして、みんな ダンスを だくましだ。

(1) おとうさんが かいしゃから
（　　　　　　　　　　　）。

5 文しょうを よんで、（　）に あう ことばを かきましょう。

(1つ 20てん)

> ははの 日が ちかいので、なつみは、おかあさんの えを かきました。はるかは、いちがみで 花を つくりました。

(1) なつみは、どう しましたか。

（なつみは、）おかあさんの
えを（　　　　　　　）。

(2) はるかは、どう しましたか。

いちがみで 花を（　　　　　　）。

12

7

かくにんドリル(1)
「はなの みち」
「おおきな かぶ」

てんすう

なまえ

がつ 月　にち 日

はじめ　　　　ふん
おわり　　　　ふん
かかった
じかん　　　　ふん

1 文しょうを よんで、もんだいに こたえましょう。

あ
「おや、なにかな。
こっぱい
はいって いる。」

くまさんが、ふくろ
を みつけました。

くまさんが、ともだ
ちの りすさんに、
キレイに しきました。

(1) ふくろを みつけた
の は、だれですか。(15てん)

〔（　　　　　）です。〕

(2) あの こっぱを い
たのは、だれですか。
(15てん)

〔（　　　　　）です。〕

(3) くまさんは、どう
しましたか。(20てん)

〔ともだちの りす
さんに、キレイに
（　　　　　）。〕

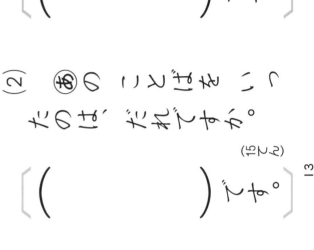

13

(令和2年度版 光村図書 こくご一上 かざぐるま 32〜34ページより「はなの みち」「おおきな かぶ」)

©くもん出版

② 文しょうを よんで もんだいに こたえましょう。

おじいさんは かぶを まきました。
「うんとこしょ、どっこいしょ。」
それでも、かぶは ぬけません。

おじいさんは おばあさんを よんで きました。
おばあさんが おじいさんを ひっぱって、
おじいさんが かぶを ひっぱって、
「うんとこしょ、どっこいしょ。」
それでも、かぶは ぬけません。

(令和2年度版 東京書籍 あたらしいこくご一上 86ページより
「おおきなかぶ」内田莉莎子 訳)

(1) おじいさんは かぶを どうしましたか。(15てん)

〔 （　　　　　　　　　）を しました。 〕

(2) かぶが ぬけないので、おじいさんは だれを よんで きましたか。(15てん)

〔 （　　　　　　　　　）おばあさんを きま した。 〕

(3) おじいさんを ひっぱったのは だれですか。(20てん)

〔 （　　　　　　　　　）です。 〕

① の 文しょうでは、くまさんと りすさんが 出て くるね。 ② の 文しょうでは、おじいさんと おばあさんの ふたりが 出て くるね。

くもん出版

1 の 文を よんで、□ に あてはまる ことばを いいかえましょう。
(15てん)

ガラスが、カチャンと われました。

(1) 「なにが」、われましたか。

（ クイズ ）が、われました。

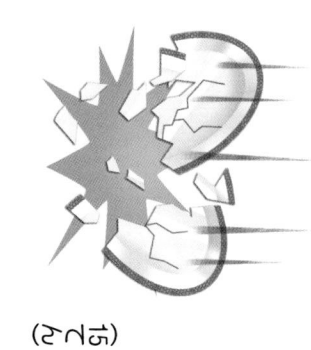

2 の 文を よんで、□ に あてはまる ことばを いいかえましょう。
(15てん)

車が、きゅうに とまりました。

(1) 「なにが」、とまりましたか。

（　　　　）が、とまりました。

3 の 文を よんで、□ に あてはまる ことばを いいかえましょう。
(15てん)

出て 犬が、ワンワンと なきました。となりの ねこが、ほえましたが、ねこは ほえませんでした。

(1) 「なにが」、ほえましたか。

（　　　　）が、ほえました。

©くもん出版

15

がつ 月　にち 日
なまえ
はじめ じ ぶん
おわり じ ぶん
かかった じかん ぶん
てん

4 文しょうを よんで、（　）に あう ことばを かきましょう。

(15てん)

> 水の 中を のぞいた。すると、めだかが およいで いた。

(1) （　めだか　）が およいで いた。

5 文しょうを よんで、（　）に あう ことばを かきましょう。

(1つ 20てん)

> こうていで、ピューッと かぜが ふいた。そのとき、かぶって いた ぼうしが かぜに とばされて しまった。

(1) （　　　　　）が ピューッと ふいた。

(2) かぶって いた（　　　　　）が かぜに とばされて しまった。

はじめ	時	分
おわり	時	分
かかった じかん		分
なまえ		
てん		

がつ　月　にち　日

2 文しょうを よんで、（　）に あう ことばを かきましょう。

(1つ10てん)

> ボールが、いけに むかって とんで いきました。いけに いた とりたちが、とんで いきます。

(1) いけに むかって とんだのは、（　　　　　）です。

(2) いけに いた とりたちは、（　　　　　）です。

17

1 文しょうを よんで、（　）に あう ことばを かきましょう。

(1つ10てん)

> サイレンが おおきな おとで なりました。ぼくが はしると、とおくの 空が、ぴかっと ひかりました。と、雨が ふって きました。

(1) ひかったのは、とおくの （　そら　）です。

(2) ぴかっと ひかったのは、（　　　　　）です。

3 文しょうを よんで、もんだいに こたえましょう。

(1つ 15てん)

> 水車が、ゴロゴロ まわって いた。おちて きた
> 水が、ゴボゴボ あわを たてて いた。

(1) ゴロゴロ まわって いたのは、なんですか。

〔（ゴロゴロ まわって いたのは、）（　　　　　）です。〕

(2) ゴボゴボ あわを たてて いたのは、なんですか。

〔（ゴボゴボ あわを たてて いたのは、）（　　　　　）です。〕

4 文しょうを よんで、もんだいに こたえましょう。

(1つ 15てん)

> 大きな トラックが とおりすぎた。すると、
> 白い 土けむりが まいあがった。

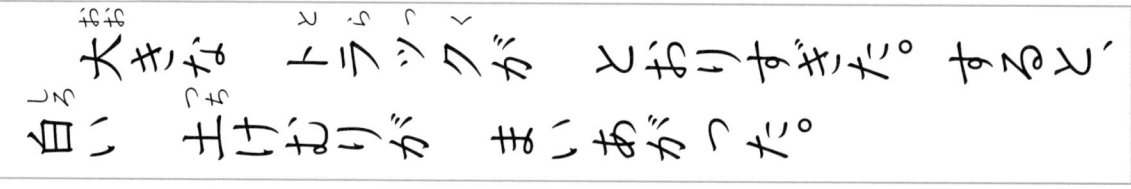

(1) とおりすぎたのは、なんですか。

〔大きな（　　　　　）です。〕

(2) まいあがったのは、なんですか。

〔白い（　　　　　）です。〕

「なにが（は）」、「どう した」という 文の かたちを おぼえて おこう。ながい 文しょうを よむときに やくに たつよ。

くもん出版

なまえ

がつ　にち
月　　日

はじめ　　じ　　ふん
おわり　　じ　　ふん
かかった
じかん　　　ふん

てん

1 の 文を よんで、ただしい ほうに ○を つけましょう。

(1) 「つ」と「っ」、どちらが ただしいですか。

> きのう、バスに のりました。

［きのう、バス（　　っ　　）のりました。］

(1てん)

2 の 文を よんで、ただしい ほうに ○を つけましょう。

(1) 「つ」と「っ」、どちらが ただしいですか。

> あさ、はやく おきました。

［（　　　　　　）おきました。］

(1てん)

3 文を よんで、（　）に あう ことばを かきましょう。

> みちが ぬれて いる。
> ゆうべ 雨が ふった。

(1) 雨が ふったのは、（　ゆうべ　）です。

(1てん)

19

© くもん出版

❹ 文しょうを よんで、（ ）に あう ことばを かきましょう。

(15てん)

> まさとは、日よう日に、ゆうえんちへ いった。そして、一日じゅう あそんだ。

(1) まさとが ゆうえんちへ いったのは、（　　　　　　　　　）です。

❺ 文しょうを よんで、もんだいに こたえましょう。

(1つ20てん)

> なつやすみ、山で スキーを した。川で キャンプを した。

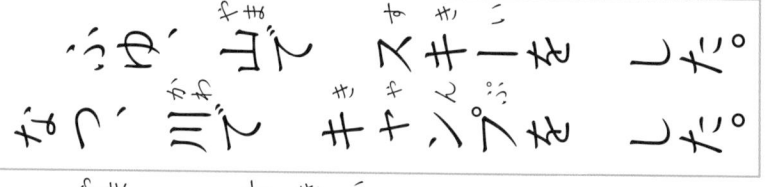

(1) 山で スキーを したのは、いつですか。

（山で スキーを したのは、）

（　　　　　　）です。

(2) 川で キャンプを したのは、いつですか。

（川で キャンプを したのは、）

（　　　　　　）です。

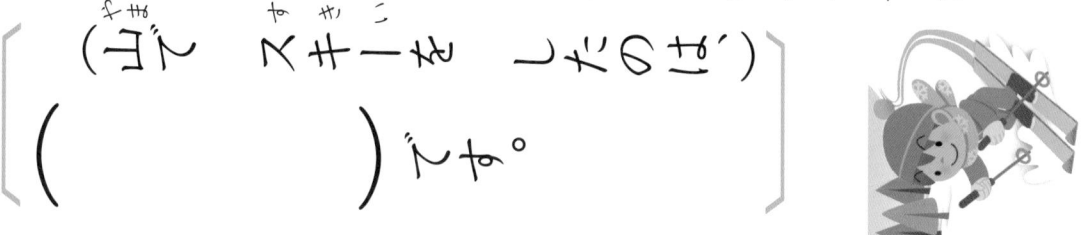

❶「さ」の「し」、❷「あさ」、❸「ダ」がだ「なび」とおきを あらわす ことばに 気を つけよう。

くもん出版

① 　つぎの 文を よんで、もんだいに こたえましょう。(15てん)

> みゆきは、うみで 貝を 見つけました。

(1) みゆきは、「どこで」貝を 見つけましたか。

〔 （　うみ　） で 見つけました。〕

② 　つぎの 文を よんで、もんだいに こたえましょう。(15てん)

> きょう、学校で なわとびを しました。

(1) きょう、「どこで」なわとびを しましたか。

〔 （　　　　） で しました。〕

③ 文を よんで、（ ）に あう ことばを かきましょう。(15てん)

> ともだちが、こうえんに あつまった。それで、みんなで あそんで、すべりだいや ブランコで あそびました。

(1) ぶんに あう ことばは、（　　　　）です。

©くもん出版

④ 文しょうを よんで、（ ）に あう ことばを かきましょう。

(15てん)

> きゅうしょくが おわった。それから、み
> んなは、校ていに あつまった。

(1) みんなが あつまった
ところは、（　　　　　）
です。

⑤ 文しょうを よんで、もんだいに こたえましょう。

(1つ8てん)

> いつもの 休みの 日は、山と
> 川の ことを しました。こんどの 休みには、う
> みで さかなつりを する つもりです。

(1) きのうは、どこで 何を した ところですか。

〔（きのうは、何を した ところは、）
（　　　　　）です。〕

(2) こんどの 休みに、さかなつりを する と
ころは、どこですか。

〔（さかなつりを する とこ
ろは、）（　　　　　）です。〕

22

🐱 ●①「□み」、②「学校」、③「こいぬ」「こねこ」などと はじまる ことばを いっしょに かぞえて みましょう。

もん出版

かくにんドリル(2) 「ゆうやけ」

月 日 なまえ
はじめ じ ふん
おわり じ ふん
かかった じかん ふん
てんすう
©くもん出版

1 文しょうを よんで もんだいに こたえましょう。

> きしねの こねこが
> あたらしい ズボンを はきました。
> いろは、まえの
> おなじ あかですが、
> ひっぽケットが おおきく
> ふたつも ついて
> います。
> 「ここな、とっても
> いいな。」
> きしねの こねは、
> おがねの みずに うつして
> すがたを うつしていました。

(1) あたらしい ズボンを はいたのは、だれですか。(15てん)

[( ) です。]

(2) あたらしい ズボンには、なにが ふたつ ついて いますか。(15てん)

[( ) が ついて います。]

(3) きしねの こねは、ズボンを はいて どこに すがたを うつしましたか。(15てん)

[( ) の みずです。]

［よみもの（物語）］

みずあそびを おもいつきました。
あそびだしたのは、ズ（ず）ボ（ほ）ンを かったので、よごしたく なかったからです。
しばらく あそぶと、きつねの こは また ひとりぼっちに なりました。

（4）きつねの こは なにを みつけて あそびますか。(15てん)

〔　　　　　　〕を

よごしたく なかったからです。

（5）きつねの こは いっぱい あそびましたか。(10てん)

〔　　　　　　〕です。

（6）きつねの こは なにと なにで あそびましたか。(15てん 一つ)

〔　　　　　　〕と〔　　　　　　〕です。

（平成27年度版 光村図書 こくご一上 かざぐるま 104〜106ページより 『ゆうやけ』森山京）

きつねの こは あたらしい ズ（ず）ボ（ほ）ンを はいて、うれしくて、ぴょんぴょん はねたり、ころがったり して あそびました。

くもん出版

13 せつめい文の よみとり(1)
なんの はなし①

なまえ

べん

かず

はじめ
おわり
かかった
じかん

1 文しょうを よんで もんだいに こたえましょう。(25てん)

ネコが おいた とき、ネコの
しっぽは、けが ひろがって、ネコの
おおきく なります。これは、からだを
大きく 見せる ためです。

(1) この 文しょうに 出て くる どうぶつは
なんですか。□から えらんで かきましょう。

ネコ・サル

〔　（　　　　　　　　　）です。〕

2 文しょうを よんで もんだいに こたえましょう。(25てん)

あつくて いきが くるしい とき、犬は、したを 出して、はあはあと いきを します。
はっぱを 土を ほって、そこに からだを しめたり ねむる ことも あります。

(1) この 文しょうに 出て くる どうぶつは
なんですか。□から えらんで かきましょう。

虫・犬

〔　（　　　　　　　　　）です。〕

3 文しょうを よんで、もんだいに こたえましょう。(25てん)

> 六月ごろに なると、ツバメの すには ひなが かえります。かえったばかりの ひなは、おおどりが すに かえると、ピーピーと なきます。

(1) この 文しょうに 出て くる とりは なんですか。

〔（　　　　　　）です。〕

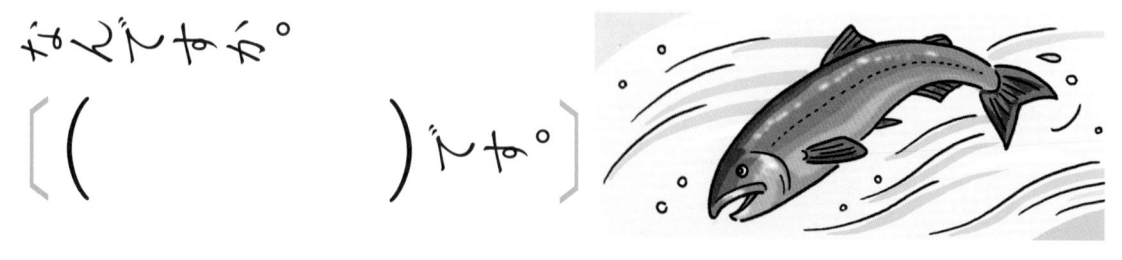

4 文しょうを よんで、もんだいに こたえましょう。(25てん)

> あきに なると、おとなの サケは うみから 川に のぼって いきます。水の きれいな 川上へ いって、たまごを うむ ためです。
>
> ※川上…川の ながれの 上の ほう。

(1) この 文しょうに 出て くる さかなは なんですか。

〔（　　　　　　）です。〕

❶ 文しょうを よんで もんだいに こたえましょう。(25てん)

> チョウの 中には、すむ ばしょを かえる ものも います。とおく はなれた ところへ いく チョウも います。

(1) この 文しょうに 出て くる 虫は、なんですか。□から えらんで かきましょう。

チョウ ・ トンボ 〔（　　　　　）です。〕

27

❷ 文しょうを よんで もんだいに こたえましょう。(25てん)

> おおくの 虫は、たまごから うまれた ときの かたちが、おやと ちがって います。でも、カマキリは おなじ かたちで うまれます。

(1) この 文しょうに 出て くる 虫は、なん ですか。□から えらんで かきましょう。

ハエ ・ カマキリ 〔（　　　　　）です。〕

3 文しょうを よんで、もんだいに こたえましょう。(25てん)

> ホタルは、よる ひかりますが、いちにちじゅうは ひかりません。てきに みつかると、ひかりを おさえるのです。

(1) この 文しょうに 出て くる 虫は、なんですか。

〔（　　　　　　　　）です。〕

4 文しょうを よんで、もんだいに こたえましょう。(25てん)

> なつに なると、セミの なきごえが きこえて きます。しかし、なくのは、おすだけです。セミの おすは、メスを よびよせて いるのです。

(1) この 文しょうに 出て くる 虫は、なんですか。

〔（　　　　　　　　）です。〕

月　日　なまえ

はじめ　じ　ふん　おわり　じ　ふん　かかった じかん　ふん

1 文しょうを よんで、もんだいに こたえましょう。(20てん)

> ネコの しっぽは、ネコが おこった ときや、ネコの けが ひろがって ふとく なります。これは、からだを 大きく 見せる ためです。

(1) なにに ついて かかれて いますか。

ネコが おこった ときの
（　しっぽ　）の ようすに
ついて。

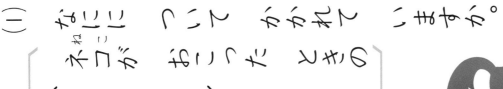

2 文しょうを よんで、もんだいに こたえましょう。(20てん)

> アリが、どこに いくのか 見て みました。アリは、木に のぼって、アブラムシが いる ところに いきました。これは、アブラムシが あまい みつを 出すからです。

(1) なにに ついて かかれて いますか。

アリが（　　　　）の
いる ところへ いった こと。

③ 文しょうを よんで、もんだいに こたえましょう。

(一つ 20てん)

> たねは、とおくに とばして、「じ」「こ」「い」に つきます。そこで、それが めを 出すのです。ダンポポの わた毛の かたまりが ついて います。

(1) なにに ついて かかれて いますか。

［ ダンポポの ①（　　　　　）の
「じ」「こ」「い」に ②（　　　　　）が
ついて いる ことに ついて。 ］

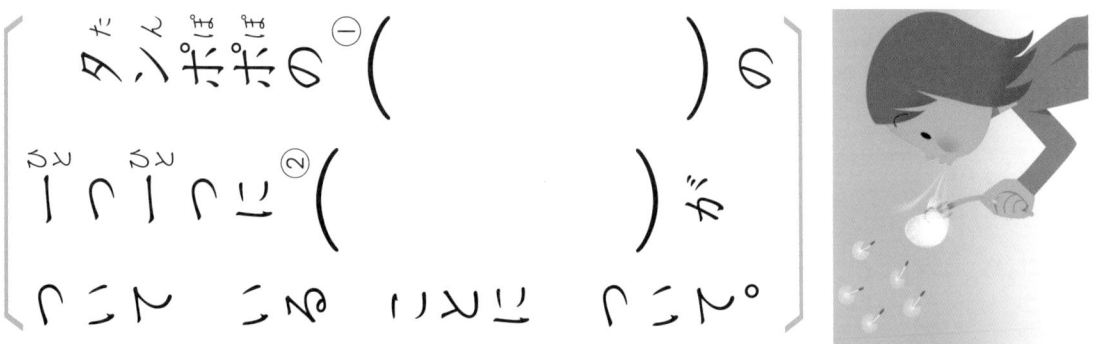

④ 文しょうを よんで、もんだいに こたえましょう。(20てん)

30

> イルカは、まっくらな ところでも、すいすい およぐ ことが できます。これは、イルカが 出す 音が、イルカに もどって くるからです。もどって くる 音で、とおくに ものが ある ことや、大きさなどが わかるからです。

(1) なにに ついて かかれて いますか。

［ イルカが、くらい ところでも、すいすい
（　　　　　）ことが できる ことに ついて。 ］

まず、はじめの 文に 気を つけて よもう。①「ポポ」が おいた と…③「ダンポポの わた毛の かたまりの…」と いう ことばから かんがえよう。

16
なんの はなし④
せつめいの 文しょう(1)

なまえ

はじめ　時　分
おわり　時　分
かかった じかん　分

てん

くもん出版

❶ つぎの 文しょうを よんで、こたえましょう。

ネコが、おこって、大きく して、ネコを よく 見せます。けが おおきく なると、おこっている からだを 大きく みせます。けれは、ひげや て あしを ひろげて、からだを 大きく して、あいてに じぶんを 大きく 見せる ためです。

(1) ネコが おこると、ほんとうより 大きく なりますか。（こたえ 2つ）

①（ほ　　　）（け　）て、
ほっが たって、大きく なります。

②（　　け　）て、
ひろく します。

(2) どうして、からだを 大きく 見せるのですか。（こたえ 1つ）

①（　　　）けれは、
おおきく みせて、

②（　　　）から
です。

31

② 文しょうを よんで、もんだいに こたえましょう。

> 犬は、したを 出して いきを する ことが あります。また、土を ほって、なかに 入って ねむる ことも あります。この ように する のは、からだが あつく ならない ように する ためです。

（1）あつい とき 犬は どう しますか。二つの ことを かきましょう。（一つ 15てん）

・（犬は）①（　　　　　）を 出して いきを する。
・いきを して ②（　　　　　）を します。

・土を ③（　　　　　）、なかに 入って ねむります。

（2）したを 出して いきを したり、土を ほったり するのは、どうしてですか。（15てん）

・からだが（　　　　　）ならない ように して いるからです。

32

17

なんの はなし⑤
ぶんしょうの よみとり(1)

なまえ

はじめ		おわり	
がつ	にち	がつ	にち
月	日		

かかった じかん　ふん

てんすう　てん

© くもん出版

1 文しょうを よんで、もんだいに こたえましょう。

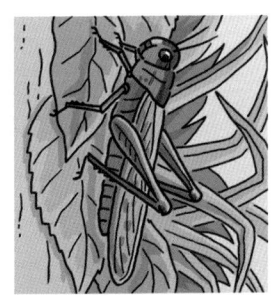

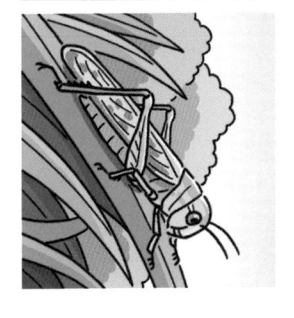

> キリギリスは、くさむらに すんで、ほかの むしを たべます。キリギリスの はねは、バッタの はねに にて います。
>
> バッタは、くさむらに すんで、くさを たべます。バッタの はねは、キリギリスの はねに にて います。

(1) キリギリスと バッタは、なにを たべますか。ニつ かきましょう。(一つ10てん)

[　　　　　]・[　　　　　]

(2) つぎの ぶんの（　）に、あてはまる ことばを かきましょう。(一つ15てん)

① キリギリスは、くさむらに（　　　　　）、ほかの むしを たべます。

② バッタは、くさむらに（　　　　　）、くさを たべます。

2 文しょうを よんで、もんだいに こたえましょう。

> カレイと ヒラメは、まわりの ようすに あわせて、からだの いろを かえます。すなの 上に いる ときは、すなの いろに あわせて、からだの いろを かえます。いわの ちかくに いる ときは、いわの いろに あわせて、からだの いろを かえます。

(1) カレイや ヒラメは、なにに あわせて、じぶんの からだの いろを かえますか。（15てん）

［ まわりの（　　　　　　）に あわせて かえます。 ］

(2) すなの 上に いる とき、どう なりますか。（15てん）

［ すなと（　　　　　　）いろに なります。 ］

(3) カレイや ヒラメが、まわりの いろに あわせて じぶんの からだの いろを かえるのは、どうしてですか。（20てん）

［ とき（　　　　　　）ように するためです。 ］

34

なまえ

月　日

はじめ　い　ふん
おわり　い　ふん
かかった じかん　ふん

てんすう

©くもん出版

1 文しょうを よんで、もんだいに こたえましょう。

これは、ヤマアラシの せなかに ある とげです。

ヤマアラシの はりには、たいらで やわらかい ところが ありますが、せなかの ほうには、かたくて するどい とげを もって います。

てきが きたら、せなかの とげを たてて、からだを まもります。

(1) この 文しょうに 出て くるのは、なにと なにですか。（二つの ぶんを よみましょう。）（一つ 15てん）

( ) と ( )です。

(2) ヤマアラシの はりには、どんな ところが ありますか。（15てん）

( )に たいらで やわらかい ところが あります。

(3) てきが きたら、どう しますか。（15てん）

( )に せなかの とげを たてて、からだを まもります。

35

て、あるまじ
ろは、いつも、
ちかくにいる。

(令和2年度版 東京書籍 あたらしいこくご二上 74〜77ページ)

ます。

てこうしてきが、みをたもりますので、みだりに、てきはにげていきます。

てんてきにみつかっても、いそいで、あなにもぐったりして、てきからみをまもります。なかには、あなをほってにげこむものもいます。

てこうして、みをまもるのです。あるまじろは、てきからにげていきます。すこし、あるまじ

（4）あるまじろの
からだは、どんな
ものににていますか。（15てん）

（5）あるまじろは、どんなときに、みをまるめますか。（10てん）

みをまるめて、からだをまもります。

（6）てきからみをまもるために、あるまじろは、どんなことをしますか。（15てん）

36

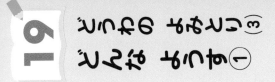

なまえ
© くもん出版

1 文しょうを よんで もんだいに こたえましょう。(20てん)

> こはるは、赤い 花を 見つけ ました。そして、ふしぎそうに、ゆびで さわって みました。

(1) こはるは、どんな 花を 見つけましたか。

（こはるは、）（ 赤い ）花を 見つけました。

2 文しょうを よんで もんだいに こたえましょう。(20てん)

> 大きな なみが ザブンと よせると、足まで ぬれました。ボンくんの を ぬぐと、まことは ズボンの まま うみに 入りました。

(1) どんな なみが ザブンと よせましたか。

（ ）なみが ザブンと よせました。

3 文しょうを よんで、もんだいに こたえましょう。(20てん)

　みどりが いっぱいの ゆたかな 森です。あるきつかれた くまは、木かげに こしかけて、ひとやすみ することに しました。

(1) みどりが いっぱいで どんな 森でしたか。

〔（みどりが いっぱい）（　　　　　　　　）な 森です。〕

4 文しょうを よんで、もんだいに こたえましょう。

(1つ 20てん)

　かえるの こは、あたたかい 土の中から、日が でて きました。そとは ひかりで きらきらして いました。

(1) どんな 日が でてきましたか。

〔（　　　　　　　　）日が でて きました。〕

(2) そとは どんな ひかりで きらきらして いましたか。

〔（そとは、）（　　　　　　　　）ひかりで きらきらして いました。〕

こたえ ❶ 「赤い 花」 ❷ 「大きな みみ」の ——の ことばが 「どんな」に あたるよ。

くもん出版

1 文しょうを よんで、もんだいに こたえましょう。(15てん)

> あたたかい 日が さして きました。
> せなかが、ぽかぽかして きました。

(1) せなかが どう なって きましたか。

〔（せなかが、）(ぽかぽか)して きました。〕

2 文しょうを よんで、もんだいに こたえましょう。

(1つ 15てん)

> おにいちゃんが、せみを つかまえて きました。ぼくは、そっと はねを さわりました。すると、せみは はねを はだはだ うごかしました。

(1) 「ぼく」は、どのように さわりましたか。

〔（ぼくは、）(　　　　　　)さわりました。〕

(2) せみは、はねを どのように うごかしましたか。

〔（せみは、はねを）(　　　　　　)うごか
しました。〕

©くもん出版

❸ 文しょうを よんで、もんだいに こたえましょう。(15てん)

おねえさんから かざ車を もらいました。かぜが ふいて、かざ車は、くるくる まわりました。

（１） かざ車は、どのように まわりましたか。

〔（かざ車は、）（　　　　　　　）まわりました。〕

❹ 文しょうを よんで、もんだいに こたえましょう。

（１つ20てん）

名まえを よばれると、ゆきは、ゆっくり せきを 立ちました。それから、文しょうを すらすら よみはじめました。みんな、びっくりして しまいました。

（１） ゆきは、どのように せきを 立ちましたか。

〔（　　　　　　　）せきを 立ちました。〕

（２） 文しょうを どのように よみはじめましたか。

〔（文しょうを）（　　　　　　　）よみはじめました。〕

40

もん出版

❷ （１）の「くるくる」は「かざ車」、（２）の「すらすら」は「ゆき」、のようすを あらわして います。

なまえ

月　日

はじめ　じ　ふん

おわり　じ　ふん

かかった　じかん　ふん

てん

©くもん出版

❶ 文しょうを よんで もんだいに こたえましょう。(15てん)

> ドン、ドン、ドンと いう たいこを たたく 音が した。きょうは、町の おまつりだ。

(1)「ドン、ドン」は、なんの 音ですか。

（　たいこ　）を たたく 音です。

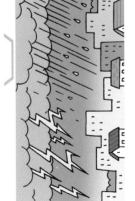

❷ 文しょうを よんで もんだいに こたえましょう。

(1つ 15てん)

> ゴロゴロと 空が くらく なって、かみなりが ゴロゴロと なった。すこし したら、雨が ザーッと ふって きた。

(1)「ゴロゴロ」は、なんの 音ですか。

（　　　　　）が なる 音です。

(2)「ザーッ」は、なんの 音ですか。

（　　　　　）が ふる 音です。

文しょうを よんで、もんだいに こたえましょう。(15てん)

> 「キキキーッ」と、車が きゅうに とまった。だかしは おどろいて 人事が たおれ そうに なった。

(1)「キキキーッ」は、なんの ようすですか。

[（　　　　　）が、きゅうに とまった ようす。]

４ 文しょうを よんで、もんだいに こたえましょう。

> 犬と、おとうさんが にわに 水を まいた。ジャー
> 犬の、ホースは 水だまりで、バチャバチャと
> ペースから 水が いきおいよく 出た。
> うれしそうに あそんで いた。

(1) つぎの ことばは、なんの ようすですか。

(一つ 20てん)

① ジャー…[ホースから （　　　　　）が
いきおいよく 出た ようす。]

② バチャ／バチャ…[ペースが （　　　　　）で
あそんで いた ようす。]

42

――の ことばは、どれも 音を あらわして いるよ。３ ４ では「なに」が(は)、どういう ときの 音かを かんがえよう。

もん出版

1 文しょうを よんで、もんだいに こたえましょう。(20てん)

> ライオンが、みちを あるいて いたら、とつぜん、ちが ひかりました。ライオンは まぶしくて、目を ぱちぱちさせました。

(1) ライオンは、まぶしくて どう しましたか。

(ライオンは まぶしくて、) 目を
（ ぱちぱち ）させました。

2 文しょうを よんで、もんだいに こたえましょう。(20てん)

> せきを して、さくぶんを 先生に だしました。先生は、まなみを 見て、にっこり わらいました。まなみは、うれしく なりました。

(1) 先生は、まなみを 見て どう しましたか。

(先生は、まなみを 見て、)
（　　　　　　　　）と わらいま
した。

43

3 文しょうを よんで、もんだいに こたえましょう。

> ゆうとが、さかなを つかまえた。
> 「やったあ。」
> と、大きな こえを あげた。

(1) さかなを つかまえて、ゆうとは どう しましたか。 (一つ 15てん)

[
(ゆうとは)①「（　　　　　　　　　）。」と、
大きな こえを ②（　　　　　　）。
]

4 文しょうを よんで、もんだいに こたえましょう。

> たいいくから、はちの たいぐんが
> とんで きます。子ザルは びっくり
> して、川に とびこみました。

(1) はちの たいぐんが とんで きて、子ザルは
どう しましたか。 (一つ 15てん)

[
(子ザルは)①（　　　　　　　　　）
して、川に ②（　　　　　　）。
]

44

❸ ゆうとは、さかなを つかまえて、こえを あげたよ。 ❹ 子ザルは、はちの たいぐんに びっくりしたんだね。

もん出版

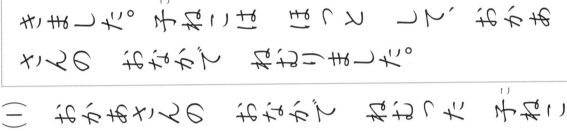

1 文しょうを よんで、もんだいに こたえましょう。(25てん)

> よるに なって、おかあさんが かえって きました。子ねこは ほっと して、おかあさんの おなかで ねむりました。

(1) おかあさんの おなかで ねむった 子ねこは、どんな ようすですか。

〔 （ ほっと ） した ようす。〕

45

2 文しょうを よんで、もんだいに こたえましょう。(25てん)

> 学校から かえるとちゅうで、げんかんを 出た ときに、うしろから こえを かけられた。ぼくは、びっくりして、その ばに すわり こんで しまった。

(1) うしろから こえを かけられた「ぼく」は、どんな ようすですか。

〔 （ 　　　　　 ） した ようす。〕

©くもん出版

❸ 文しょうを よんで、もんだいに こたえましょう。(25てん)

> おとうとは、こうえんへ いって、とちゅうで お金を おとして しまいました。しょんぼりして、いえに もどりました。

(1) お金を おとして しまった とき、おとうとは どんな ようすですか。□から えらんで かきましょう。

〔（　　　　　　　　　）ようす。〕

> けん気が よい ・ けん気が ない

---

❹ 文しょうを よんで、もんだいに こたえましょう。(25てん)

> わたしは、たん生日に プレゼントを もらった。わくわくしながら はこの つつみを あけた。中みは、ほしかった ゲームだった。

(1) はこの つつみを あける とき、わたしは どんな ようすですか。□から えらんで かきましょう。

〔こころが（　　　　　　　）ようす。〕

> おちついた ・ おちつかない

❸「しょんぼり」は「げん気が ない」ようすを あらわして いるので けん気が ない ようすを えらびます。　❹「わくわく」は「うれしくて」こころが おちつかない ようすを あらわして います。

もん出版

なまえ

月　日
はじめ　じ　ふん
おわり　じ　ふん
かかった　ふん
じかん

とくてん

❶ 文しょうを よんで、もんだいに こたえましょう。

きょうの 一じかんめの
ねんどあそびで、四じかんめの
子どもたちが たいいくしつに
あつまって、空に 大きな
ものが あらわれました。

きょうは、三にんぐみで、大きな
ものを つくりましょう。

子どもたちは、「一、二、三、四」と
こえを あわせて、大きな
ものを つくりはじめました。

四じかんめの おわりに、
ねんどあそびで、たいいくしつに
あつまって、大きな ものを
つくりはじめました。

(1) これは いつの ことですか。
（10てん）

〔　（　　　　　　　）
　の ことです。〕

(2) 空に なにが あらわれましたか。
（一つ15てん）

① （　　　　　　　）
　大きくて
② （　　　　　　　）の
　ものです。

(3) みんなが たいいくしつで
なにを しましたか。
（15てん）

〔　（　　　　　　　）を
　はじめました。〕

47

あさ、
みんなが かけごえを すると、
くじらぐもも かけごえを して、
そらを まわりました。

せんせいが ぶえを ふいて、
あいずを すると、
くじらぐもも あいずを しました。

「まわれ、みぎ。」

せんせいが ごうれいを かけると、
くじらぐもも みぎを まわりました。

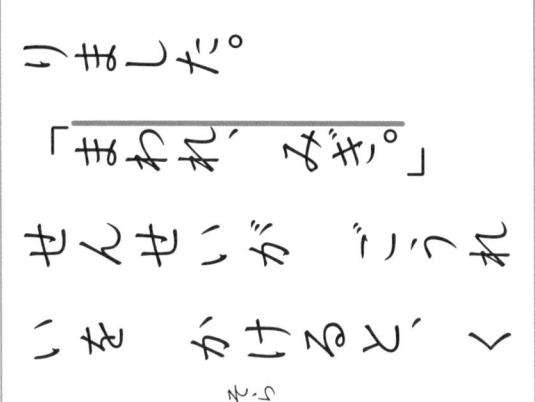

(4) みんなが かけごえを すると、くじらぐもは しましたか。 (15てん)

〔 くじらぐもは、そらを（　　　　　）。〕

(5) せんせいが ぶえを ふいて、くじらぐもは しましたか。 (15てん)

〔 くじらぐもは（　　　　　）。〕

(6) 「まわれ、みぎ。」と ごうれいを かけたのは だれですか。 (15てん)

〔 （　　　　　）です。〕

くじらぐもは、子どもたちの まねを して いるんだね。

48

（令和2年度版 光村図書「こくご」一下 ともだち 4〜6ページより『くじらぐも』 中川李枝子）

25 せつめい文の よみとり(2)　どんな じゅんじょ①

なまえ

1 文しょうを よんで、もんだいに こたえましょう。

　みなさんは、「はみがき」は どのように するのでしょうか。

　まず、くちに ついて いる たべものを とします。

　「はみに、せんざいを つけて、ブラシに かけています。

　さいごに、せんざいの あわを のこさないように、水で よく ながします。

（1）「はみ」の えが 文しょうに かかれて いる じゅんに なるように、□に 1から 3の ばんごうを かきましょう。

（ぜんぶの かきで 10てん　ほか1つ 15てん）

ア　どくちを おとす。

イ　水で ながす。

ウ　せんざいを はぶらしに あらう。

© くもん出版

② 文しょうを よんで、もんだいに こたえましょう。

> あさ、いちばん 日が さすのは、ひがしがわに まどが ある へやです。
>
> そして、日は、みなみがわに まどが ある へやに さします。
>
> やがて、ゆうがたに なると、にしがわに まどの ある へやに 日が さします。

(1) こたえが 文しょうに かかれて いる じゅんに なるように、□に 一から 3の ばんごうを かきましょう。

(一つ 20てん)

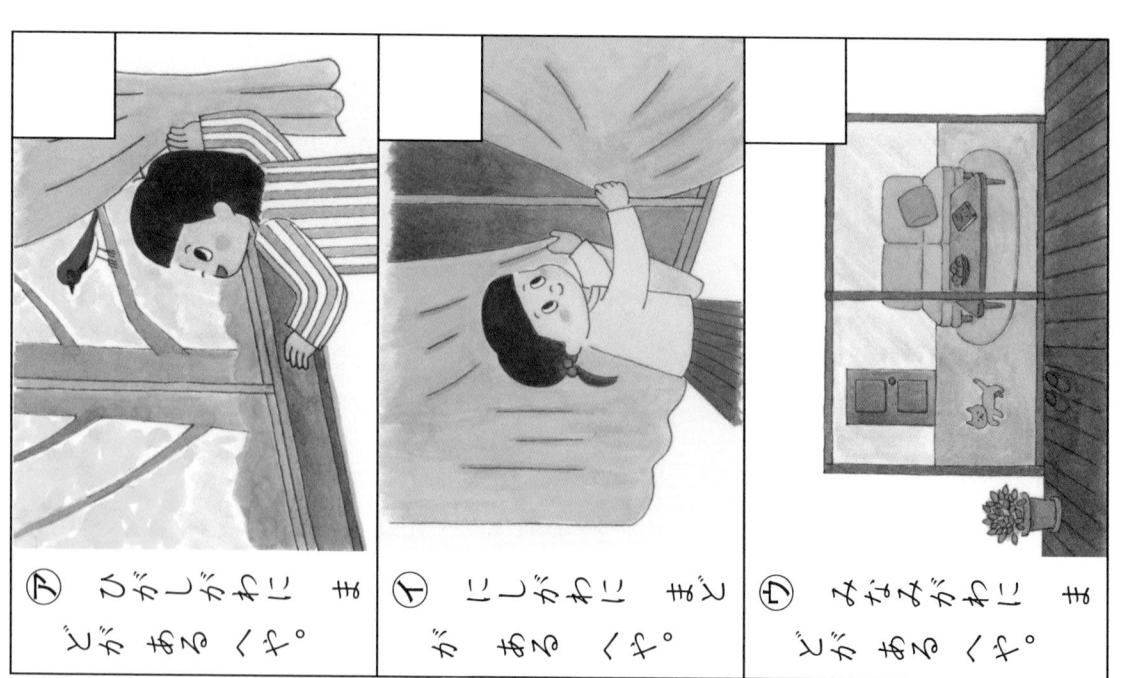

ア ひがしがわに まどが ある へや。

イ にしがわに まどが ある へや。

ウ みなみがわに まどが ある へや。

● 「ます」「です」「だ」「である」などの 文の はじめに ある ことばに 気をつけて、じゅんじょを かんがえましょう。

もん出版

1 文しょうを よんで、もんだいに こたえましょう。

バケツに はった こおりが とける ようすを 見て みました。

こおりは、まず、まん中が とけました。

つぎに、バケツの ふちの こおりが すこし とけて きました。

それから、とける ところが まん中から だんだん ひろがって いきました。

(1) つぎの えが 文しょうに かかれて いる じゅんに なるように、□に 一から 3の ばんごうを かきましょう。(一つ 15てん)

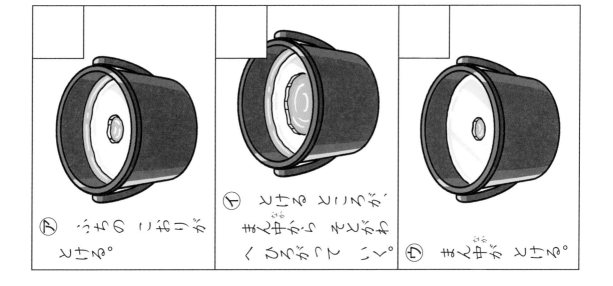

ア ふちの こおりが とける。

イ とける ところが まん中から そとがわ ひろがって いく。

ウ まん中が とける。

② 文しょうを よんで、もんだいに こたえましょう。

わたしは、にわに えさを まいて、ことりの ようすを 見ました。えさを まくと、すずめが やってきて、えさを たべに きました。

すずめは、えさを たべて いました。すると、からすが とんで きました。からすが とんで くると、すずめたちは、とんで にげて しまいました。

（1） えさの えが 文しょうに かかれて いる じゅんに なるように、□に 一から 4の えじゅんを かきましょう。
（ぜんぶ できて 15てん）
（1つ 10てん）

52

くもん出版

② 「まず」「つぎに」「それから」など、じゅんじょを あらわす ことばに 気を つけると、じゅんじょが わかりやすく なります。

©くもん出版

なまえ

1 ◯の ことばに 気を つけて、( )に あう ことばを、[____]から えらんで かきましょう。 (一つ 5てん)

(1) 雨が ふって いた。 だから、くつが ( )。

ぬれた ・ ぬれなかった

(2) かぜを ひいた。 それで、ねつが ( )。

たかい ・ ひくい

2 ◯に あう ことばを、[____]から えらんで かきましょう。 (一つ 15てん)

(1) ねむくなった。[____]、ひるねを した。

それで ・ しかし

(2) おなかが すいた。[____]、パンを たべた。

でも ・ だから

3 ◯◯の ことばに 気を つけて、( )に あう ことばを、◯◯から えらんで かきましょう。

（1つ20てん）

(1) 雨が ふった。「でも」くつが （　　　　）。

ぬれた ・ ぬれなかった

(2) 本を 見た。「しかし」よく （　　　　）。

わかった ・ わからなかった

4 ◯◯に あう ことばを、◯◯から えらんで かきましょう。

（1つ15てん）

54

(1) ねむく なった。｜　　　｜、ひるねを しなかった。

でも ・ だから

(2) かぜを ひいた。｜　　　｜、ねつは 出なかった。

だから ・ しかし

「でも」や「しかし」は、まえの 文と はんたいの ことが あとに つづく ときに つかう。

1 2 の 「だから」「それで」、3 4 の 「でも」「しかし」のちがいに ちゅうい して、文を ……

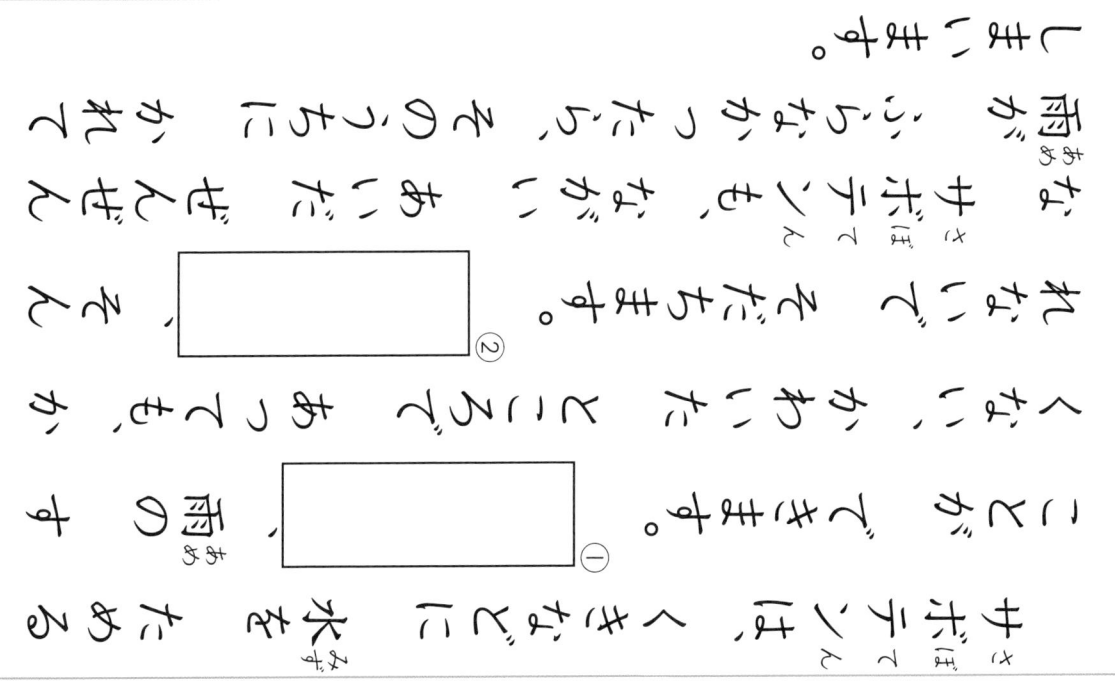
① 文しょうを よんで、あとの といに こたえましょう。

（二五てん）

雨が ふらなく ても、サボテンは かれません。それは、サボテンが サボテンを つくって いるからです。その あいだに、① 、水を くみ上げます。たくさん たくわえて いて、② 、雨の 水を ためて、かれません そかせん。

（1）
文しょうの ①の □に あてはまる ことばを、下から えらんで かきましょう。

┌─────────┐
│ しかし   │
│ ・   │
│ だから   │
└─────────┘

（2）
文しょうの ②の □に あてはまる ことばを、下から えらんで かきましょう。

┌─────────┐
│ でも   │
│ ・   │
│ しかし   │
│ ・   │
│ だから   │
└─────────┘

55

2 文（ぶん）しょうを よんで、もんだいに こたえましょう。

(1つ 25てん)

> かきごおりを たべると、口（くち）の 中（なか）が だんだん ［①］した。
>
> 口（くち）の 中（なか）が つめたく なると、ちがう ものを たべたく なる。
>
> でも、ひえすぎると、ちゃんと ［②］なる。
>
> たべものの あじも わからなく なって しまう。

(1) 文（ぶん）しょう中（ちゅう）の ①の □に あう ことばを、□から えらんで かきましょう。

［ でも ・ するど ］

(2) 文（ぶん）しょう中（ちゅう）の ②の □に あう ことばを、□から えらんで かきましょう。

［ しかし ・ それで ］

なまえ

月 日

はじめ　い　ふん　おわり　い　ふん　かかった　ふん
じかん

てん

1 文しょうを よんで、もんだいに こたえましょう。

まめは たねと です。
生きて います。
まめを まいて
水を やりました。

なん日か すると
めが 出て きます。
そして 小さな
はが 出て きます。

土が もり上がって
めが 出て きます。

はが 出て くきが
のびます。

□、はの かず
が、ふえて きます。

えて います。

(1) まめは なんですか。
(15てん)

　　まめは
　（　　　　　　　）です。

(2) どのくらいに すると、めが 出て きますか。
(15てん)

　（　　　　　　　）
　すると、めが 出て
　きます。

(3) □に あう ことばを 一つ えらんで、○を つけましょう。
(15てん)

ア（　　）して
イ（　　）だがと
ウ（　　）だから

57

©くもん出版

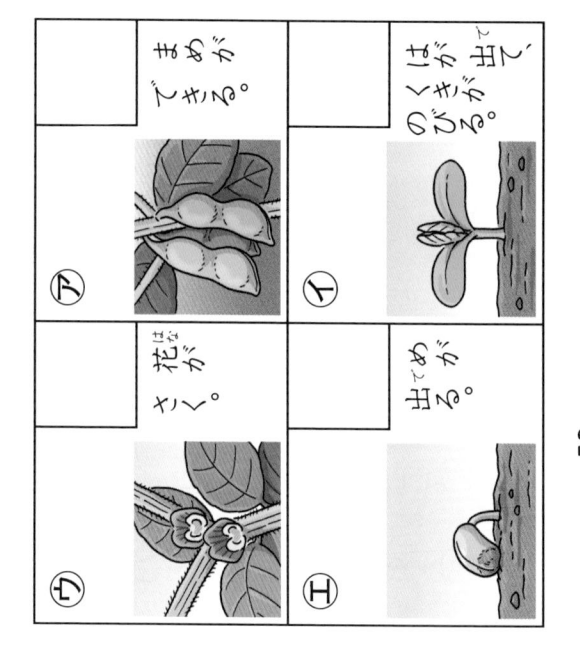

(4) 文しょうに えが かかれています。まめのように じゅんに なるように、□に 一から 4の ばんごうを かきましょう。(二つ10てん)

ア まめが できる。

イ は が でて のくきが のびる。

ウ 花が さく。

エ めが でる。

（右側本文）

すると、
花が さきます。
花が さいた あとに、
まめが できます。
まめは さやに
つつまれて います。
まめは じゅくすと、
さやから はなれます。

(5) まめは、どのように そだちますか。(15てん)

〔（　　　　）に して そだちます。〕

(令和2年度版 学校図書 みんなとまなぶ しょうがくこくご 一ねん下 44〜46ページより『まめ』)

まめを まことから どのように そだつのかを かかれて いる じゅんに よみとって いきましょう。なん日か して「はっぱ」などは じゅんを あらわす ことばを たよりに あつめて いきましょう。

くもん出版

なまえ

月 日

はじめ じ ふん
おわり じ ふん
かかった じかん ふん

てん
©くもん出版

こくご

1 □の 文を よんで、もんだいに こたえましょう。

(15てん)

けんじは、おもちゃを かって
もらって、うれしく なりました。

(1) けんじは、どんな 気もちに なりましたか。

〔(けんじは、)（ うれしく ） なりました。〕

2 □の 文を よんで、もんだいに こたえましょう。

(15てん)

みかは、おにいさんに しかられて、
かなしく なりました。

(1) みかは、どんな 気もちに なりましたか。

〔(みかは、)（　　　　　　　　） なりました。〕

3 □の 文を よんで、もんだいに こたえましょう。

(15てん)

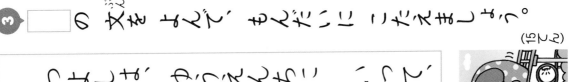

りょうしは、ゆうえんちに いって、
たのしく なりました。

(1) りょうしは、どんな 気もちに なりましたか。

〔（　　　　　　　　） なりました。〕

4 □の 文を よんで、もんだいに こたえましょう。

(15てん)

> しんじは うれしくて、とびはねました。

(1) しんじは、どんな 気もちで とびはねましたか。

〔（ うれしい ） 気もちで とびはねました。〕

5 □の 文を よんで、もんだいに こたえましょう。

(20てん)

> ゆきは かなしくて、しくしく なきました。

(1) ゆきは、どんな 気もちで なきましたか。

〔（　　　　　） 気もちで なきました。〕

6 □の 文を よんで、もんだいに こたえましょう。

(20てん)

> れんは くやしくて、大ごえで さけびました。

(1) れんは、どんな 気もちで さけびましたか。

〔（　　　　　） 気もちで さけびました。〕

60

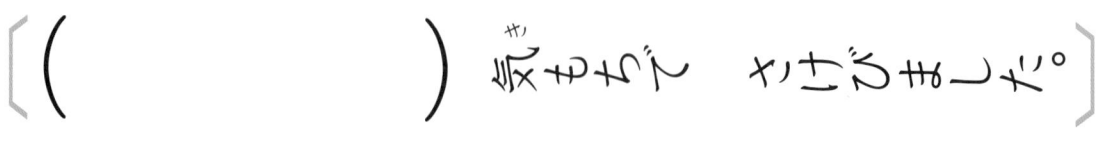

「うれしい」「かなしい」「くやしい」などの 気もちを あらわす ことばを 見つけよう。

もん出版

❷ つぎの文しょうをよんで、どんな気もちか、あとの〔 〕からえらんでかきましょう。(25てん)

たかしくんは、みんなとサッカーをしていました。ボールをおもいきりけると、ゴールにはいりました。

(1) たかしくんは、どんな気もちでしたか。

〔 　　（　　　　　）　　 〕気もちでした。

❶ □の文をよんで、どんな気もちか、あとの〔 〕からえらんでかきましょう。(25てん)

たくみくんは、先生にしかられて、なみだをぐっとこらえていました。

(1) たくみくんは、どんな気もちでしたか。

〔 　　（くやしい）　　 〕気もちでした。

61

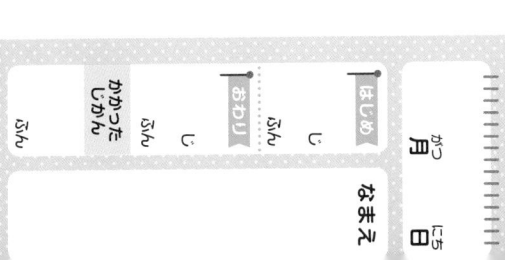

はじめ　　時　　分
おわり　　時　　分
かかった
じかん　　　　分
てん
なまえ
がつ　月　にち　日

© くもん出版

3 文しょうを よんで、もんだいに こたえましょう。(25てん)

> ゆうがたに なって、いえへ あそびに きた ともだちは、みんな かえって しまった。ひとりに なって、みきは さびしく なった。

(1) みんな かえって ひとりに なった とき、みきは、どんな 気もちでしたか。

[（ 　　　 ） 気もちでした。]

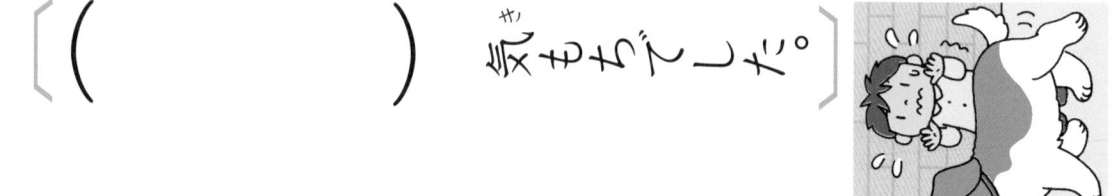

4 文しょうを よんで、もんだいに こたえましょう。(25てん)

> 大きな 犬が キッて きた。ひきかえす ことも できなくて、だいすけは にわへ にげこむことも できないので、犬が とおりすぎるのを まって いた。

(1) 犬が とおりすぎるのを まって いた とき、だいすけは、どんな 気もちでしたか。

[（ 　　　 ） 気もちでした。]

なまえ

はじめ	じ	ふん
おわり	じ	ふん
かかった じかん		ぷん

月　日

てん

1 □の 文を よんで、もんだいに こたえましょう。(20てん)

> こうきは、「よし、やってやるぞ。」と さけんだ。

(1) このときの 気もちと なるのは、どれですか。わかりやすい ほうに、〇を つけましょう。

（　とびはねた　）〔　よろこび。　〕

2 □の 文を よんで、もんだいに こたえましょう。(20てん)

> そうすけは ばんごはんを たくさん たべた。

(1) このときの 気もちと なるのは、どれですか。わかりやすい ほうに、〇を つけましょう。

（　　　　　）〔　　　　　よろこび。　〕

3 □の 文を よんで、もんだいに こたえましょう。(20てん)

> ちはるは、名まえを よばれて とんでいった。

(1) このときの 気もちと なるのは、どれですか。わかりやすい ほうに、〇を つけましょう。

（　　　　　）〔　　　　　よろこび。　〕

4 文しょうを よんで、もんだいに こたえましょう。(20てん)

> わたるが、しまって おいた カードを、おとうとの けんたが、はらはらに して しまった。わたるは、けんたを 大ごえで どなりつけた。

(1) わたるの どんな ようすから、おこった 気もちが わかりますか。

大ごえで（　　　　　　　　　　）ようすから。

5 文しょうを よんで、もんだいに こたえましょう。(20てん)

> あかりが みちを あるいて いると、よこから ねこが とびだして きた。あかりは、こしが どきっと して 立ちどまりました。

(1) あかりの どんな ようすから、おどろいた 気もちが わかりますか。

（　　　　　　　　　　）立ちどました ようすから。

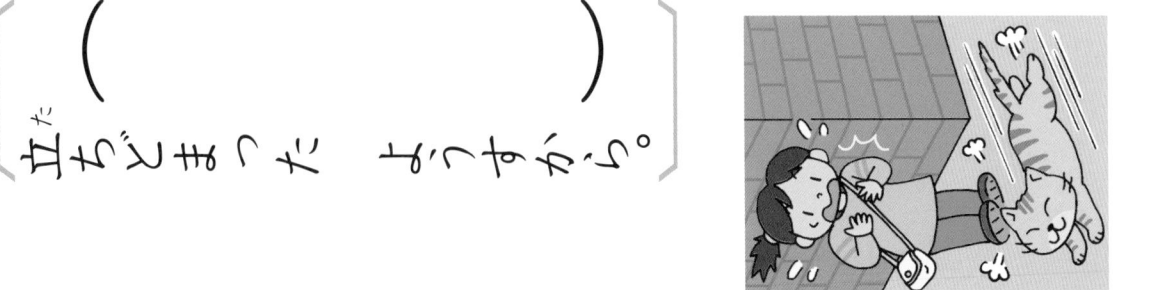

そのときの 人の ようすから、そのときの 人の 気もちが わかるよ。どんな ようすを おもいうかべて みよう。

くもん出版

なまえ

1 文しょうを よんで、もんだいに こたえましょう。(25てん)

> 花子は、おねえさんから くびかざりを もらいました。さやが つくってくれた。さやが、うれしくなって、おどりだしました。

(1) さやが うれしく なったのは、どうしてですか。

〔 おねえさんから、花で つくった（　　　　　）を もらったからです。 〕

65

2 文しょうを よんで、もんだいに こたえましょう。(25てん)

> おおいは、だいじに して いた 石を、なくして しまいました。おおいの 目から なみだが こぼれました。

(1) おおいが かなしかったのは、どうしてですか。

〔 だいじに して いた（　　　　　）を、なくして しまったからです。 〕

3 文しょうを よく よんで、もんだいに こたえましょう。(25てん)

> まえて なった。
> ぼくは、ゴールの 手まえに ニールに ひっかかって たおれて しまった。
> だけど、ゴールの てまえで、くやしくて たまらなかった。
> たしは、ぬけた かしたは、しまった なかった。

(1) たしが くやしかったのは、どうしてですか。

> ［ ゴールの まえて ぬかれて、
> （ 　　　　　　　　　 ）に なった
> からてす。 ］

4 文しょうを よく よんで、もんだいに こたえましょう。(25てん)

> 「ごめん。」
> と ゆうきは、はなに あやま
> りました。すると、ゆうきは
> の 中が すっきりしました。

(1) ゆうきが すっきりした 気もちに なったのは、どうしてですか。

> ［ はなに「（ 　　　　　　　 ）。」と
> あやまったからです。 ］

❶ うれしかったり ❷ かなしかったり したの
か、気もちを あらわす ことばの まえの 文を よく
どんな ことが あって、そのとき どう

もん出版

1 文しょうを よんで、もんだいに こたえましょう。

> 「ある ばんの こと、きこりの ふうふが 小やに ねると、ぐるぐると 糸車の まわる 音が きこえて きました。
>
> そっと しょうじの あなから のぞくと、あの たぬきが、キークルクルと 糸車を まわして いるのでした。たぬきは じょうずな 手つきで 糸を つむいで いるのでした。いつも おかみさんが して いた とおりに、いとを つむいでは たばねて、みかさねて いるのだ。」

(1) おかみさんが そっと のぞくと、だれが なにを して いましたか。
(一つ10てん)

① (　　　　　　　　　　　) が

② (　　　　　　　　　　　) いました。

(2) たぬきは、糸を どう して つむぎおわると どう しましたか。
(一つ10てん)

① (　　　　　　　　　　　) て

おりに、たぬきは

② (　　　　　　　　　　　) て みかさねました。

67

たぬきは、おかみさんが のぞいて いるのに 気が つきました。

たぬきは、びっくりして、とび下りました。そして、うれしくて たまらないというように、ぴょこんぴょこんと おどりながら、かえって いきましたとさ。

〔　　〕部分要約

（令和2年度版 光村図書 こくご二下 ともだち 81〜82ページより『たぬきの糸車』岸なみ）

(3) たぬきは、何に気が つきましたか。(20てん)

〔　　　　　　　　　　　　　〕
が、のぞいて いること。

(4) とび下りたのは、だれですか。(20てん)

〔　　　　　　　　　〕です。

(5) たぬきの どんな 気もちが わかりますか。(20てん)

〔　　　　　　　　　　〕
ぴょこんぴょこんと
かえって いくから。

たぬきは、おかみさんと おなじように、糸が つむげて うれしい 気もちで かえって いったんだね。

くもん出版

35

ただしい つなぎ①

(3) ぶんの よみとり

なまえ

はじめ　時　分
おわり　時　分
かかった じかん　分

てんすう　点

① 文を よんで、こたえましょう。

① サクラは はるに なると、もりの 木のように たくさんの 花を つけます。

② くきから はが のびて、そのあとに 花が さきます。

③ このように、木や そうは、くきから はが 出て、そのあとに 花が さきます。

(1) つぎの 文は、「サクラ」の ことですか、「もり」の ことですか。

（1もん 15てん）

⑦ 花が さいて はが 出ます。

① はっぱが 出てから、花が さきます。

(2) なにの はなしが つづいて いますか。

（1もん 20てん）

① はっぱが 出てから、花が さきます。

⑦ 花の （　　　）。

ちがって います。

69

❷ 文しょうを よく よんで、もんだいに こたえましょう。

①しょくぶつには、たねが あちこちに いくための くふうが あります。

②タンポポは、かぜを つかって、たねを とおくまで はこびます。

③ホウセンカは、さやが パチンと はじけて、たねを とばします。

(1) しょくぶつには どんな くふうが ありますか。①の まとまりから さがして かきましょう。(20てん)

［
たねが（　　　　　　　　）に
いくための くふうが あります。
］

(2) タンポポや ホウセンカは どのように して たねを はこんだり とばしたり しますか。(一つ15てん)

タンポポ…⑦［（　　　　　　　　）を つかって、
たねを はこびます。］

ホウセンカ…［さやが パチンと ⑦（　　　　　　　　）、
たねを とばします。］

70

① 文しょうを よんで、もんだいに こたえましょう。

らが これは じゃがいもです。④はるに なって あたたかく なると、めが 出ます。③上に みきが のびて、えだが たくさん ついて、はが たくさん でます。②つちの 中に ある くきから ねが 出て、はえて いきます。①これは、クくきの ヨウぶんを つかって いるからです。つちの 中に かわれて いるには、あぶらの えの たくさんの ヨウぶんが あるからです。

(1) (1つ15てん)
どんな ときを いいますか。
⑦（　　　　　　　）が、（　　　　　
）水を （　　　　　　）して いきました。

(2) (10てん)
これは、クくきの ヨウぶんを つかって いるからです。
（　　　　　　　　　）

なまえ

がつ　月　にち　日

はじめ　じ　ふん
おわり　じ　ふん
かかった じかん　ふん

てん

© くもん出版

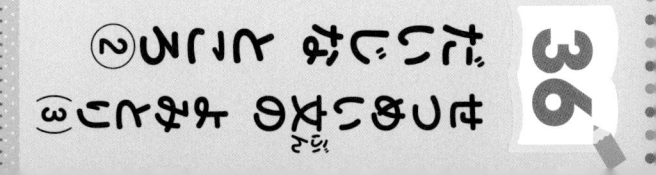

２ 文しょうを よんで、もんだいに こたえましょう。

①そとの 上で、たまごを まわして みると、くるくると なって まわるのが、ゆでたまごです。

②あまり まわらないで すぐ とまって しまうのが、なまたまごです。

③ゆでて あると、白みと きみが かたまって いて、ゆれないので、よく まわるのです。

(一) つぎの 文は、「ゆでたまご」と「なまたまご」の どちらに ついて かいた ものですか。(1つ15てん)

ア　あまり まわらないで すぐ とまって しまう。

[　　　　　]

イ　くるくると よく まわる。

[　　　　　]

(2) ゆでと なまと、よく まわるのは どちらですか。(1つ15てん)

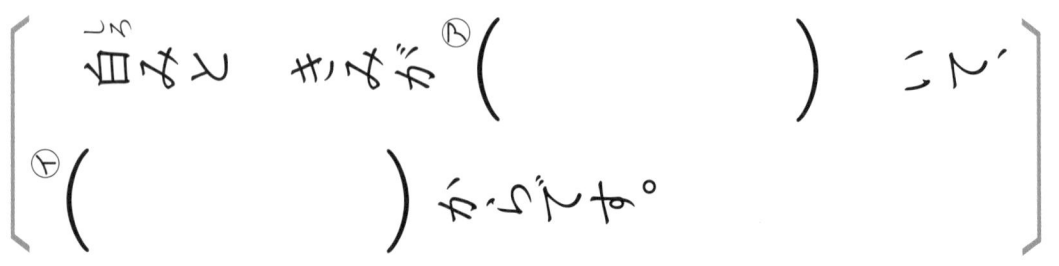

白みと きみが ⑦（　　　　　）いて
①（　　　　　）からです。

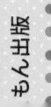
③ ❶「およぐ ときに 体を せい〜」という えいごを たべると おぼえて おこう。

1 文しょうを よんで、もんだいに こたえましょう。

①ぞうは、からだが とても 大きく、はなが とても ながい どうぶつです。②やまから 見ると、どうぶつは 小さく 見えます。けれども、ちかくで 見ると、おおきいどうぶつです。③このように、どうぶつには、おおきいのと、小さいのとが あります。

(1) つぎの ことの 名まえを 書きましょう。
(一つ10てん)

⑦ とても 大きくて、はなから 見る どうぶつ〔　　　　　〕

・

① からだが とても 大きくて、はなが ながい どうぶつ〔　　　　　〕

(2) どうぶつには、小さい ものが あるので、( ) に こと...もの〔　　　　　〕
(10てん)

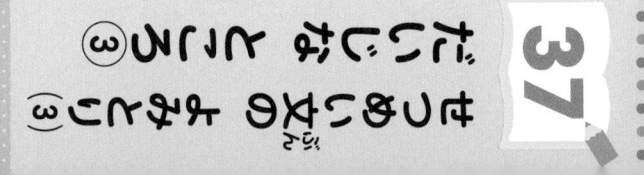

37 かんじを つかった ことば③
文しょうの よみとり(3) ③

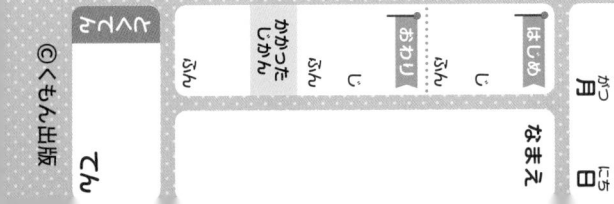

なまえ

はじめ　　時　　分
おわり　　時　　分
かかった時間　　分

月　　日

てん

© くもん出版

2 文しょうを よんで、もんだいに こたえましょう。

---

①こすい かみは、せん水や カッターを つかわなくても きれいに きりはなす ことが できます。

②まず、きりはなす ところに おりめを つけて おきます。

③そして もう いちど かみを ひらいて、左右に ひっぱりながら すこしずつ きりはなす ことが できます。

---

(1) なにを つかわないで かみを きりはなす ことが できるのですか。二つの ものを かきましょう。（一つ15てん）

[　　　　　] ・ [　　　　　]

(2) どのように して こすい かみを 二つに きりはなす ことが できますか。（一つ15てん）

⑦きりはなす ところに（　　　　　）を
しよく しけてから、また かみを ひらいて
左右に ①（　　　　　）ながら すこしずつ
して、きりはなす ことが できます。

くもん出版

© くもん出版

だいじな ところ ④
③(3) かんづめ 文しょうを よみとる

38

がつ　にち
なまえ
はじめ　じ　ふん
おわり　じ　ふん
かかった じかん　ふん
てん

❶ 文しょうを よんで こたえましょう。

① おふろに 水を ためます。

② それを、おふろの 下から 上へ、だんだん おおく なって いきます。

③ いっぱいに なると、水は おふろの 上から 下へ あふれて いきます。

(1)（1つ15てん）

たまった 水が（⑦　　　）、たまった 水が（⑦　　　）の ②（　　）から 水は とまりますか。

(2)（1つ15てん）

（⑦　　　）と いうことが あります。上え から（⑦　　　）という ことが あります。

２ 文しょうを よんで、もんだいに こたえましょう。

①うんどうを する まえに、じゅんびたいそうを するのは、どうしてでしょうか。

②からだじゅうの かきだけ、きんにくを うごかして いきます。

③それで、こきゅうを はやく して いると、きんにくを いためて しまいます。ですから、きんにくを ならす ために、じゅんびたいそうを して、きんにくを すこしずつ うごかして はうが よいのです。

(1) からだを うごかし はじめて いくと、きんにくを どう して いますか。（20てん）

[きんにくを （　　　　　　　　　） して います。]

(2) うんどうを する まえに、じゅんびたいそうを するのは、①から③の どの まとまりに かかれて いますか。（20てん）

　□の まとまり

なまえ		月　日
はじめ　じ　ふん	おわり　じ　ふん	かかった じかん　ふん

てんすう

©くもん出版

❶ 文（ぶん）しょうを よんで、もんだいに こたえましょう。

> ①ふねには、いろいろな ものが あります。
>
> ②きゃくせんは、たくさんの 人を はこぶ ふねです。
>
> ③この ふねには、きゃくしつが あり、ふねの 中（なか）を けんがくしたり、
>
> ④人（ひと）は、休（やす）んだり、きゃくしつで けんがくしたり しましょう。

(1) きゃくせんは、どんな ふねですか。（15てん）

①（　　　　　　　　　　）を

②（　　　　　　　　　　）ための ふねです。

(2) きゃくせんには、なにが ありますか。（15てん）

きゃくしつ

（　　　　　　　　　　）が あります。

(3) きゃくせんで、□4 の どの ことで、人（ひと）が

□1 から ます。

います か。（15てん）

77

（4）フェリーボートは どんな ふねですか。（15てん）

（　たくさんの 人（ひと）と 車（くるま）を いっしょに はこぶ ふねです。　）

（5）車（くるま）を ふねに のせたり おろしたり した あと、人（ひと）は どこで 休（やす）みますか。（10てん）

（　　　　　　）で 休（やす）みます。

（6）フェリーボートには、①から ⑦の どれと どれが なにが あるのかは、まとまりに なって いますか。（15てん）

⑤ たくさんの じどう車（しゃ）を いっしょに はこぶ ふねの 中（なか）には

⑥ この ふねは、きゃくしつや ねる ところが あります。

⑦ 人（ひと）は、車（くるま）を ふねから きゃくしつに うつして 休（やす）みます。

（令和2年度版東京書籍 あたらしいこくご一下 44～46ページより 「いろいろな ふね」）

②③④は「じどう車せん」に つまれて いること。⑤⑥⑦は「フェリーボート」に なにが あるのかを こたえよう。

くもん出版

しんだんテスト(1) 「ようすと うごき」

なまえ

月 日

はじめ ・ ふん
おわり ・ ふん
かかった じかん ・ ふん

てんすう

©くもん出版

1 文しょうを よんで、もんだいに こたえましょう。

りさちゃんは、おかあさんの てつだいを しました。

「おかあさんに なにか して あげたいと おもいました。

「かたを たたいて あげようかな。こしを もんで あげようかな。せんたくものを たたんで あげようかな。おさらを あらって あげようかな。」と、りさちゃんは、たくさん かんがえました。

(1) りさちゃんが、「いい こと」を して あけたいと おもったのは どうしてですか。(15てん)

[　　　　　　　　　　　　　　　]

(2) りさちゃんは、どんな「いい こと」を かんがえましたか。(1つ10てん)

① (　　　　　　) を
たたく こと。

② (　　　　　　)
こしこしを する こと。

③ (　　　　　　)、
あらわせる こと。

79

りっちゃんは、いっしょうけんめい かんがえました。

「あ、そうだわ。おいしくて、げんきの でる サラダを あげよう。」

りっちゃんは、れいぞうこの とを あけて、中を のぞきました。

りっちゃんは、サラダを つくりはじめました。

だれが、「かんがえました」か。

(3) だれが、「かんがえました」か。（15てん）

（　　　　　）が、かんがえました。

(4) りっちゃんは、サラダを どう しましたか。（一つ 15てん）

サラダ。

サラダ。

(5) りっちゃんは、サラダを つくりはじめる まえに、なにの なかを のぞきましたか。（10てん）

（　　　　　）の なかを のぞきました。

80

（令和2年度版 東京書籍 あたらしい こくご 一下 6〜8ページより 「サラダで げんき」 角野 栄子）

りっちゃんは、おかあさんに 早く げんきに なって もらいたくて、一しょうけんめい かんがえだ。それで、サラダを つくって あげる ことに したんだね。

もん出版

41 ぶんだんテスト(2)

「おとうと ねずみ チロ」

月 日

なまえ

とくてん

てん

はじめ　　じ　　ふん
おわり　　じ　　ふん
かかった じかん　　ふん

1 文しょうを よんで、もんだいに こたえましょう。

三びきの ねずみの きょうだいに、ある日、おばあちゃんから、でんわが かかって きました。
「あのね、チョッキを あんで おくるわね。」と いう でんわが とどきました。

なん日か たって、おばあちゃんから、小づつみが とどきました。
小づつみの 中には、チョッキが 三まい 入って いました。いちばん 大きいのは 赤、つぎに 大きいのは 青、小さいのは 青でした。

(1) だれから こづつみが とどきましたか。（10てん）

（　　　　　　　）から とどきました。

(2) こづつみの 中には なにが なんまい 入って いましたか。（一つ15てん）

① チョッキが（　　　　　　　）の

② （　　　　　　　）入って いました。

(3) いちばん 大きい チョッキは なんいろですか。（15てん）

（　　　　　　　）の チョッキ。

（本文）

「あ、しましまだ。」…⑤あ
だいすきな チョッキを
ツキと まちがえて、
おおきな 木に のぼって
しまった。

「おはよう。」
ぼくは、チロと おもって、
おおきな こえで
よびかけました。

「おはよう。チロ。」
チョッキの ありが
ありました。
チロは チョッキを きて、
大よろこびで、
とびはねました。

〔 〕部分要約

（令和2年度版 東京書籍『おとうとねずみ チロ』森山京 75〜76ページより）

（4）⑤あ の は だれ だった のか。（15てん）

（　　　　　　　　　　　　　　）です。

（5）チロは、どう して、どう しましたか。（15てん）

┌─────────────────────┐
│ ‥‥‥‥‥‥‥‥‥‥‥‥‥‥‥ │
└─────────────────────┘

（6）チロは、どうして 木に のぼった のですか。（15てん）

（　　　　　　　　　　　　　　）ために。

❶ 文しょうを よんで、もんだいに こたえましょう。

この いえには おばあさんと じぶんが すんで いました。おばあさんは とても おばあさんで、九十八さいでした。男の ねこでした。

ねこは まい日、ねこを つれて さんぽに でかけます。まい日

「おはあちゃんも さか なのりに おでよ。」と おばあさんは

「だっと だっと」と わたしは

この いえには おばあさんと

（1）この いえには だれが すんで いましたか。
（一つ10てん）

（ 　　　　 ）と
（ 　　　　 ）が

すんで いました。おばあさんは まい日、ねこを つれて

（2）おばあさんは まい日 どこへ いきましたか。
（一つ10てん）

ねこは

① （ 　　　　 ）を
もはこって、ながくつを
もはいて、りょがさを

② （ 　　　　 ）
に いきました。

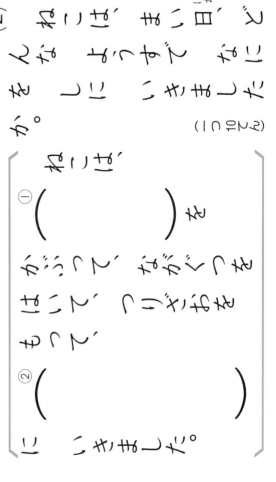

九十八だもの。」
の　かなりに　あわないわ。」
と　こたえました。
ねこは、それでも　けっ
して　あきらめず、まどの
下の　はしらに　つめを
とぎながら　おばあさんは、
まどの　ところで　すわ
れたり　あるいたり
おひるねを　しました。
「だって、わたしは
九十八だもの。」

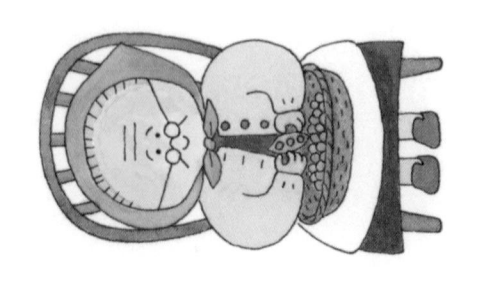

（平成27年度版　光村図書　こくご一下　ともだち　105～107ページ　より「だって　おばあさん」佐野洋子）

(3) ねこに　おばあさんは　どう　こたえましたか。(20てん)

おばあさんは
（　　　　　　　）。

(4) おばあさんに　ことわられた　ねこは、どのように　でかけましたか。(20てん)

ねこは、
（　　　　　　　）ながに　出かけました。

(5) ねこが　出かけて　おばあさんは　いる　あいだ、なにを　しましたか。(二つ 10てん)

[　　　　　　　　　　]

[　　　　　　　　　　]

84

まい日、ねこは　さかなつりに　出かけるときに、おばあさんを　さそいました。でも、おばあさんは「だって、わたしは　九十八だもの。」と　こたえます。

くもん出版

はじめ　じ　ふん
おわり　じ　ふん
ぶん
かかった じかん　ふん

がつ　にち

なまえ

てん

① 文を よんで、こたえましょう。

（一部省略）

1 きゅうきゅう車は、びょうきや けがを した 人を びょういんに はこぶ 車です。

2 きゅうきゅう車は、いそいで 人を びょういんに はこびます。ほかの 車は、きゅうきゅう車が とおれるように、みちを あけて くれます。

3 きゅうきゅう車には、おいしゃさんや かんごしさんが のって いる ことも あります。びょうきや けがを した 人を びょういんへ はこんで、おいしゃさんに みて もらいます。

② つぎの といに こたえましょう。

(1)（15てん）

きゅうきゅう車は どんな ときに、人を びょういんへ はこびますか。

□1 から えらんで かきましょう。

□3 の ときに、人を びょういんへ はこびます。

(2)（15てん）

きゅうきゅう車は、びょうきや けがを した 人を（　　　　　　　）はこびます。

© くもん出版

（3）
　…は、なに を する じどう車（しゃ）ですか。（15てん）

（
　　　　　　　）を して、
　火（ひ）を けす ことから、
　水（みず）の こと から…
　　　　　じどう車（しゃ）です。

（4）□ に あう ことばを えらびましょう。（20てん）

ア（　　）し
イ（　　）それから
ウ（　　）ですから

（5）ポンプ車（しゃ）が いる ようすは、① から ⑥ の どこに かかれて いますか。（20てん）

□

---

④ 火（ひ）じを けして、ポンプ車（しゃ）です。

⑤ 上（あ）げます。ポンプ（ほ）で、水（みず）を 高（たか）く 上げて、

⑥ ポンプ車は、水を かけて 火を けします。

（令和２年度版 教育出版 ひろがることば しょうがく こくご 一下 13〜16ページより『はたらく じどう車』）

86

① ② ③ は はたらく じどう車の やくわりに あわせて、つくりが ちがって いるよ。
④ ⑤ ⑥ は ポンプ車に ついて、くわしく なって いるね。

もん出版

月　日　なまえ

はじめ　ふん
おわり　ふん
かかった じかん　ふん
てんすう　てん

© くもん出版

1 文しょうを よんで、もんだいに こたえましょう。

> じゃんけんを する ときに、「グー」や「チョキ」や「パー」を 出します。
> 「グー」は 石を、「チョキ」は はさみを、「パー」は 紙を あらわして います。
> 石は はさみでは 切れないので、「グー」は 「チョキ」に かちます。
> 紙は はさみで 切れるので、「チョキ」は 「パー」に かちます。
> 石は 紙で つつめるので、「パー」は 「グー」に かちます。

(1) なにを する ときに つかう ことが ありますか。(1つ 10てん)

① （　　　　　　　）を 出しても、

② （　　　　　　　）を 出しても、するのは なにに ことに するのか。

(2) それぞれ なにを あらわして いますか。(1つ 10てん)

① グー ……（　　　　）

② チョキ …（　　　　）

③ パー ……（　　　　）

(3) に あう えを えらんで ○を つけましょう。（一つ10てん）

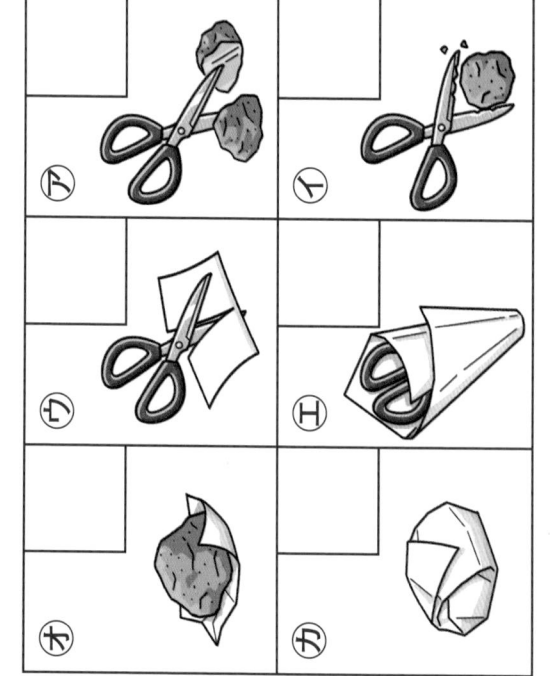

ア　イ
ウ　エ
オ　カ

(4) 「ブ」は「パ」と おなじ なかまの ことばで、「チョキ」と
にあう ことばを かんがえて かきましょう。（一つ10てん）

「グー」の ことで、
① （　　　　　　　　　）で、
「グー」の ことには
② （　　　　　　　　　）ように
なって います。

「チョキ」は、かみを
はさみが かみを
「チョキチョキ」と きるから です。

「メ」はさ「パ」は、
石を つかって
「パチン」と なるから です。

「ブ」は「グ」の
この なまえは、「グー」の
「ブー」と なるから です。

「チョキ」「パー」「グー」と、
それぞれの なまえには
この ことばの おとが
つかわれて います。

（平成27年度版 東京書籍 新編あたらしいこくご 二下 146〜148ページ
より『じゃんけん』）

もん出版

文を よみながら どんな ことを おもうか かんがえよう。文を よんで からすると いいね。

1年生

文しょうの読解

こたえ

- この本では、文しょうの 中の ことばを 正かいと して います。にた いい かたの ことばで こたえても かまいません。
- ポイントは、かんがえかたや 気を つける ところです。こたえあわせを する ときに、いっしょに よみましょう。
- 〈 〉や ※は、ほかの こたえかたです。
- （ ）は、こたえに あっても よい ものです。

1 どうわの よみとり(1) 「だれが」の ことば① 1・2ページ

1 (1)あきら
2 (1)まゆみ
3 (1)ゆうた
4 (1)しおり
5 (1)かずや
6 (1)あすか

2 どうわの よみとり(1) 「だれが」の ことば② 3・4ページ

1 (1)たかし
2 (1)さゆり
3 (1)はると
4 (1)おとうと　(2)わたし
5 (1)いもうと　(2)ひろと

3 どうわの よみとり(1) 「だれが」の ことば③ 5・6ページ

1 (1)なおみ
2 (1)おばさん　(2)いずみ
3 (1)たつや
4 (1)おじさん　(2)あや

ポイント

「こんにちは。」と いったのは、あやだよ。

4 どうわの よみとり(1) 「だれが」の ことば④ 7・8ページ

1 (1)おねえさん
2 (1)ひろし　(2)かずき
3 (1)ゆい
4 (1)ぼく　(2)ともだち

5 どうわの よみとり(1) 「だれが」の ことば⑤ 9・10ページ

1 (1)おにいさん
(2)ともや
2 (1)しおり
(2)わたし
3 (1)こうき
(2)たくま
4 (1)ゆみ
(2)なおき

6 どうわの よみとり(1) 「どう した」の ことば 11・12ページ

1 (1)たべました
2 (1)のみました
3 (1)かいました
4 (1)かえりました
5 (1)かきました
(2)つくりました

7 かくにんテスト(1) ページ13・14

❶(1)くません

(2)くません

(3)いきました

ポイント
くまさんは、ともだちの りすさんに、きものに ついたよ。

❷(1)ぬいう

(2)よんで

(3)おばあさん

ポイント
おばあさんは、おじいさんを ひっぱったよ。

8 どうわの よみとり② 「なにが」の ことば① ページ15・16

❶(1)さら

❷(1)車

❸(1)犬

❹(1)めだか

❺(1)かぜ (2)ぼうし

9 どうわの よみとり② 「なにが」の ことば② ページ17・18

❶(1)くも (2)雨

❷(1)ボール (2)はと

❸(1)水車

(2)(おちて きた)水

❹(1)トラック (2)土けむり

10 どうわの よみとり② 「いつ」の ことば② ページ19・20

❶(1)きのう

❷(1)あさ

❸(1)タがた

❹(1)日よう日

❺(1)ふゆ (2)なつ

ポイント
「いつ」と きかれたら、ときを あらわす ことばを さがして こたえよう。

11 どうわの よみとり② 「どこで」の ことば② ページ21・22

❶(1)うみ

❷(1)学校

❸(1)こうえん

❹(1)校てい

❺(1)山 (2)うみ

12 かくにんテスト(2) ページ23・24

❶(1)きつねの こ

(2)ポケット

(3)おがわ

(4)ズボン

(5)おひるすぎ

(6)くまの こ・うさぎの こ

※じゅんじょは ちがって も よい。

● 1　⑴ネコ

● 2　⑴犬

● 3　⑴ツバメ

● 4　⑴サケ

ポイント

● 1「ネコが」　● 2「犬は」　● 3「(ツバメの すには) ひなが」　● 4「おとなの サケは」のように「〜が(は)」と いう ことばに 気を つけよう。

● 1　⑴チョウ

● 2　⑴カマキリ

● 3　⑴ホタル

● 4　⑴セミ

● 1　⑴しっぽ

● 2　⑴プランクトン

※「プランクトンが いる 木」でも よい。

● 3　⑴①わたげ　②たね

● 4　⑴おやぐ

● 1　⑴①け

　　②ぶんく

　⑵①あこ手

　　②にげる

● 2　⑴①した

　　②こき

　　③ほしと

　⑵あこく

● 1　⑴メダカにつく・にげちゃうこ

　※じゅんじょは ちがっても よい。

　⑵①草むら　②かれ草

● 2　⑴こう

　⑵おなじ

　⑶おそれない

● 1　⑴やまあらし・あらまじろ

　※じゅんじょは ちがっても よい。

　⑵せなか

　⑶うしろむき

　⑷かたい こうら

　⑸まるまる

　⑹とげ

19 どうわの よみとり(3) どんな ようす① ページ37・38

❶ (二)赤い

❷ (二)大きな

❸ (二)まっくら

❹ (二)あたたかい

  (2)まぶしい

ポイント
(二)「あたたかい 日」、(2)「まぶしい ひかり」と あるね。「どんな」に あたる ことばを こたえよう。

20 どうわの よみとり(3) どんな ようす② ページ39・40

❶ (二)ほかほか

❷ (二)そっと (2)はたはた

❸ (二)ぐるぐる

❹ (二)ゆっくり (2)すらすら

ポイント
「すらすら」は、「とまらないで なめらかに すすむ ようす」を あらわしますよ。

21 どうわの よみとり(3) どんな ようす③ ページ41・42

❶ (二)たこし

❷ (二)かみなり

  (2)雨

❸ (二)車

❹ (二)①水 ②水たまり

22 どうわの よみとり(3) どんな ようす④ ページ43・44

❶ (二)はちはち

❷ (二)にっこり

❸ (二)①やったあ

  ②あけた

❹ (二)①びっくり

  ②とびこみました

23 どうわの よみとり(3) どんな ようす⑤ ページ45・46

❶ (二)ほっと

❷ (二)どきっと

❸ (二)げん気が ない

ポイント
おこられて げん気が ない ときも、「しょんぼり」するよね。

❹ (二)おもしろい

24 かくにんテスト④ ページ47・48

❶ (二)四じかんめ

  (2)①まっしろい

  ②くじら

  (3)だいそう

  (4)まわりました

  (5)とまりました

  (6)せんせい

25 せつめい文の よみとり どんな じゅんじょ① ペー49・50

❶ (一)⑦1　(イ)3　(ウ)2

❷ (二)⑦1　(イ)3　(ウ)2

ポイント
「あさ」は「ひがし」、「そして」「みなみ」に「ゆうがた」は「にし」に日が さすんだね。

26 せつめい文の よみとり どんな じゅんじょ② ペー51・52

❶ (一)⑦2　(イ)3　(ウ)1

❷ (二)⑦1　(イ)4　(ウ)2　(エ)3

ポイント
「スズメ」→「ハト」→「カラス」の じゅんに やって きたよ。

27 せつめい文の よみとり 文を つなぐ ことば① ペー53・54

❶ (1)ぬれた
(2)だから

❷ (1)それで
(2)だから

❸ (1)ぬれながった
(2)わからなかった

❹ (1)でも
(2)しかし

28 せつめい文の よみとり 文を つなぐ ことば② ペー55・56

❶ (一)だから

ポイント
「サボテンは、水を ためる ことが できる。□一、雨の すくない、かわいた ところでも かれない。」と いう つづきがだよ。

(2)でも

❷ (一)すると　(2)それで

ポイント
「したが はたらかない。□②、あじが わからない。」と いう つづきがだよ。

29 かくにんテスト⑤ ペー57・58

❶ (1)だね
(2)なん日か
(3)イ
(4)⑦4　(イ)2
(ウ)3　(エ)1

ポイント
「めが 出る」→「はが 出て くきが のびる」→「花が さく」→「まめが できる」の じゅんに そだつね。

(5)メイ

❶ (1)うれしく

❷ (1)かなしく

❸ (1)たのしく

❹ (1)うれしい

❺ (1)かなしい

❻ (1)くやしい

ポイント

❹「うれしくて」→「うれしい」、
❺「かなしくて」→「かなしい」、
❻「くやしくて」→「くやしい」
と かえる。

❶ (1)うれしい

❷ (1)はずかしい

❸ (1)さびしい

❹ (1)こわい

ポイント

「だいすけは にがくて~。」か
ら かんがえよう。

❶ (1)とびはねた

❷ (1)しょんぼりした

❸ (1)びくっと した

❹ (1)どなりつけた

❺ (1)どきっと した

❶ (1)くびかざり

❷ (1)石

❸ (1)一ちく

❹ (1)じめん

❶ (1)①（こうさの）たぬき
　　②糸を つむぐ
　(2)①おかみさん
　　②わきに
　(3)おかみさん
　(4)たぬき
　(5)おどりながら

ポイント

「たぬきは、とびさ下りました。」
の あとの 文から かんがえ
よう。

❶ (1)⑦サクラ
　　①ヒマワリ
　(2)タネ

ポイント

③の まとまりを よもう。

❷ (1)おちいち
　(2)⑦かぜ　　①はじけて

36 せつめい文の よみとり③
だいじな ことばを②　ページ71・72

❶ (1)⑦ あぶら　　①はじく

(2)あぶら

❷ (1)⑦ 生たまご

　　　①ゆでたまご

ポイント

ゆでたまごは よく まわり
生たまごは あまり まわらな
いよ。

(2)⑦ かたまって

　　①ゆれない

37 せつめい文の よみとり③
だいじな ことばを③　ページ73・74

❶ (1)⑦ かくかけどけい・はしら
　　　　どけい

　　　※じゅんは ちがって
　　　　も よい。

　　　①おきどけい

(2)つかこんち

❷ (1)はさみ・カッター

　　　※じゅんは ちがって
　　　　も よい。

(2)⑦ おりめ　　①つけたり

38 せつめい文の よみとり③
だいじな ことばを④　ページ75・76

❶ (1)⑦ 上　　①下

(2)⑦ あつい　　①つめたい

❷ (1)こめて　　(2)③

39 かくにんテスト⑦　ページ77・78

❶ (1)① たくさんの 人

　　②はいろ

(2)しょくじ

(3)④

(4)しごと車

(5)きゃくし

(6)⑥

ポイント

フェリーボートには、「きゃくし
や 車を とめて おく と
ころ」が あるね。

40 しんだんテスト⑴　ページ79・80

❶ (1)おかあさんが ひっような
　　のど。（ひつようだから。）

ポイント

「どうして」と きかれたら、「〜
から。」「〜ので。」と こたえよ
う。

(2)① かた　　② なだなだ

　　③ くすくて

(3)こつちゃん

(4)おこして・げんきに なる

　　※じゅんは ちがって
　　　も よい。

(5)れいぞうこ

41 こくごテスト⑵ 81・82ページ

❶(1)おはあちゃん

(2)①けこと　②三まい

(3)赤と青

(4)チロ

(5)おかの てっぺんの 木く かけのぼりました〈かけのぼった〉。

(6)おはあちゃん

ポイント

チロは、大きえて
「チョッキ、ありがとう。」
と さけんで いるね。

42 こくごテスト⑶ 83・84ページ

❶(1)おはあさん・

（しぶきの）ねい

※じゅんじょは ちがって も よい。

(2)①ほうし　②さかなつり

(3)ことわりました

(4)げんきに

(5)(はだけで とれた)まめの かわを むきました〈むいた〉。・おひるねを しました〈した〉。

※じゅんじょは ちがって も よい。

43 こくごテスト⑷ 85・86ページ

❶(1)おきゃく

ポイント

②の はじめに ある「ですから」は、「だから」と おなじ ように つかう ことばです。

(2)①2　②3

(3)けす

(4)ウ

(5)6

ポイント

6の まとまりには、ポンプ車が どのように して 火を けすかが かかれて いるよ。

44 はつてんテスト 87・88ページ

❶(1)①じゃんけん

②かったり まけたり

(2)①石　②はさみ

③かみ

(3)①・⑦・⑨

(4)①かちます〈かつ〉

②まける

ポイント

「このように」の あとに、「グー」「チョキ」「パー」が どうなって いるかが かいて あります。